※本書は、月刊誌『一個人』の2008年7月号「世界で一番おいしいコーヒー」と、2009年2月号「世界で一番おいしいコーヒーII」の特集記事を再編集したものです。

【大人の珈琲大全】

世界で一番おいしいコーヒー

一個人編集部 編

CONTENTS

保存版特集

【大人の珈琲大全】

世界で一番おいしいコーヒー

今、世界の美味しいコーヒーの基準は、農園や品種にこだわった、
「スペシャルティ」と呼ばれる高品質コーヒーへと向かっている。
そして、厳選された素材を焙煎や抽出によって、さらに最高の一杯に仕上げる、
コーヒーマイスターの技も進化している。深いコクと余韻を残すカプチーノや
華麗なラッテ・マキアートを魅せるトップバリスタのいる店など、
至福の一杯に出会うための最新情報を徹底的に紹介します。

コーヒー豆は〝農園〟で選ぶ時代が到来！

世界最高峰のコーヒー農園
サンタカタリーナ《グアテマラ》とブラックバーン《タンザニア》を行く

文◎堀口俊英

流通経路の明確化により単一農園の豆が評価を受けている

コーヒー豆は、コーヒーベルト地帯（北緯25度、南緯25度の間）と呼ばれる熱帯の国々で作られる。年間の平均気温が20度程度で、標高が約１５００ｍの降雨量の多い地域だ。中でも品質が高いとされるアラビカ種は、標高１０００ｍ以上の高地で栽培される。寒暖の差が激しい高地で育った豆は、しっかりとしたコクと酸を持つ。酸は、焙煎の工程で甘みに変わり、コーヒーに複雑な味わいを加える。

これまで長い間流通してきたコーヒー豆は、例えばある農園で味わい深いアラビカ種の豆が収穫できたとしても、その地域の別の農園や品種の豆と混同されていた。しかし2000年に入り、多くの消費国は、より高品質で個性的なコーヒーを求めるようになった。これにより生産国も豆の品質や香味を重視。どの農園のどんな品種の豆で、どんな作り方をしているのかといったトレサビリティ（流通経路）が明確化されるようになった。

これが、ここ数年のスペシャルティコーヒーのムーブメントだ。トレサビリティが明確な豆の香味を、カッピングテストにより点数で採点。80点以上を獲得した豆がスペシャルティコーヒーという高品質の称号を得られる。

現在、スペシャルティコーヒーの中でも特に品質の高い豆は、単一農園で収穫されたものだ。今回は、そんな農園2つを紹介する。

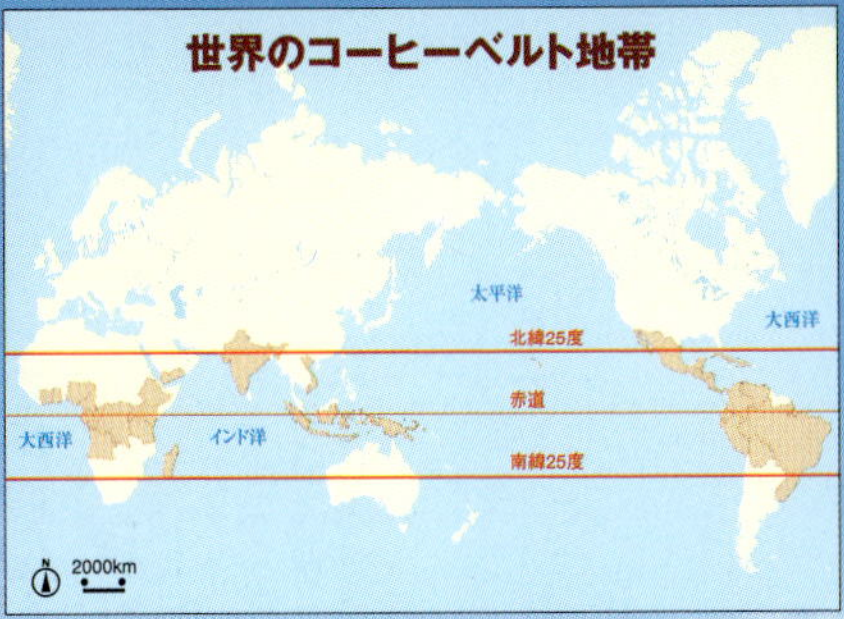

堀口俊英
ほりぐちとしひで／1948年生まれ。珈琲工房HORIGUCHI代表取締役。1990年堀口珈琲を開店。2002年堀口珈琲研究所を立ち上げ、コーヒー豆の生産と精製の研究を始める。スペシャルティコーヒーの第一人者。

ワインと同じく、美味しいコーヒー豆はテロワールが重要。アラビカ種は、火山灰土壌の肥沃な土壌の高地で栽培される。
写真提供　AFLO

恵まれたテロワールと基本にこだわった栽培法が唯一無二の香味を生む

サンタカタリーナ農園 グアテマラ

アメリカのスペシャルティコーヒー基準で、常に90点近い高得点を獲得しているサンタカタリーナ農園のコーヒー豆。優秀な豆の秘密は恵まれた環境と農園主の栽培へのこだわりにある。

(上)アカテナンゴの火山の麓、写真の右中あたりが「サンタカタリーナ農園」。(右・中)農園主のペドロ・エチュベリ。根が長く張る丈夫な苗作りからこだわっている。(右・下)コーヒー栽培に適した肥沃な火山灰土壌により、最高級のコーヒー豆は生まれる。(左・下)苗床の雑草を丁寧に除去する。苗づくりにここまでこだわる農園は世界でも数少ない。

標高の高い環境で生まれる独特の酸と香味は世界最高峰

北東はカリブ海、南は太平洋に面し、メキシコやエルサルバドル共和国などと国境を接するグアテマラ共和国（以下グアテマラ）は、世界に名だたるコーヒー豆の産地だ。グァテマラには、アンティグア、アカテナンゴ、ウエウエテナンゴ、フライハーネス、コバン、アティトラン、サンマルコスの8つのコーヒー産地がある。その中でもコーヒー栽培の歴史が古く良質のコーヒー豆が生産され、高値で取り引きされているのがアンティグアで栽培されるものだ。

アンティグアは、アグア火山、アカテナンゴ火山、フエゴ火山の3つの火山に囲まれた、標高1400m以上の高地にある。首都・グアテマラシティから車で約1時間の場所にある石畳の美しい古都だが、そこからさらに車で約30分。アカテナンゴ火山の山麓1600mまで登ったところに「サンタカタリーナ農園」がある。設立は1836年。グアテマラでも歴史の古い農園で、現在、エチュベリアファミリーが経営を行っている。

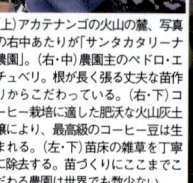

ファミリーはいくつかの農園を所有しており、標高1400～1550mのエリアに「カペティヨ農園」があり、さらにその上に位置するのが「サンタカタリーナ農園」だ。

典型的な火山灰土壌にあるこの農園は、標高2000mまでコーヒーの樹が植えられており、アンティグアでも標高

Santa Catalina GUATEMALA

収穫後、袋いっぱいに集められた豆は、集積場に集められる。ここで豆の完熟度がチェックされる。

（上・下中）ブルボン種の実。赤く完熟したものから収穫していく。黒みを帯びたものは過完熟で収穫しても取り除かれる。

霧に覆われた標高2000m地点の農園。コーヒー栽培の限界点にもコーヒーの樹が植えられているが、生育は遅い。

の高い位置にある。昼夜の寒暖差が激しく、農園は霧に包まれることも多い。地下水の影響で、湿度は一年中安定、日照量も豊富だ。コーヒーにとってベストな環境といえる「サンタカタリーナ農園」で育つコーヒー豆は、シェードツリー（日陰樹）の下でたっぷりと養分を蓄え、特有の香味を持つ。寒暖差によって実はしまり、しっかりとしたコクもある。また、フルーツのような華やかな酸もこの農園ならでは。コクと酸は、アカテナンゴ火山の土壌と気候が生み出す特徴だ。

２０００年初期、スペシャルティコーヒーのムーブメントが起こり始めた頃、スペシャルティコーヒーマーケットで最も注目を受けた産地がグアテマラだった。収穫年によって味わいにバラつきがなく、独特の華やかな香味は他の中南米のコーヒー豆を圧倒していた。

世界中で単一農園の豆の流通がほとんどなかった当時、私はトップクオリティの豆を探すために農園訪問を行っていた。そして、２００３年から２００４年にかけて数回、アンティグアの多くの農園を訪問。その中から標高が高い位置にある「サンタカタリーナ農園」のテロワールに着目した。農園主のペドロ・エチュベリの理念と私の理念も一致し、長期的な取り引きを契約。現在まで日本での独占販売を行っている。生産されるその他の豆は、アメリカのスペシャルティロースターが一部、契約・販売を行っているのみだ。

フエゴ火山を見渡す乾燥場。果肉を取り除き、水洗いを終えた豆は天日で7〜10日乾燥。均一に乾燥させるため、毎日何度も攪拌作業が行われる。

ブルボン種のコーヒーの樹。一般的に収穫は10月から4月だが、サンタカタリーナ農園は標高が高く、実が熟すのが遅いため、ほかの農園よりも収穫は遅い。

(上)天日乾燥が終了したパーティメント(内果皮)。ベージュ色の果皮をむくと、中にコーヒーの生豆がある。(右)果肉除去機の一部。この工程でも完熟豆と未熟豆を選別できる。

基本に忠実な栽培にこだわり アンティグアNo.1の称号を得る

農園主のペドロ・エチュベリは、他の農園主とは異なり、コーヒー栽培に一家言持っている。丈夫な苗づくり、ブルボン種の必然性、直射日光を避けるシェードツリーの必要性、ウォッシュト（ぬめり除去）と天日乾燥の重要性、完熟した実のみの摘み取りなど、コーヒー栽培の基本といえるこの一連の工程に、強いこだわりを持っている。その知識は、豊富だ。さらには、広大で標高の高い農園で栽培管理を徹底するためGPSを導入。品種別栽培管理や、実が完熟したエリアから先に収穫していくなど、新しい取り組みにもいち早く着手している。

Santa Catalina GUATEMALA

アンティクグア産コーヒーの刻印がある、サンタカタリーナ農園の麻袋。中米の場合、1袋の容量は69kgだ。

(右)出荷は冷蔵コンテナで。港は暑く農園とは気温が異なるので、品質保持のため豆は出航直前に積み込まれる。(左)農園内にある教会。歴史ある農園らしい労働者への配慮がうかがえる。

サンタカタリーナ農園

■所在地／グアテマラ アンティグア地区　標高 1600〜2000m
■栽培品種／ブルボン種
■経歴／2007年、アンティグア生産者組合(APCA)のコンテストにて優勝

　アンティグア産のコーヒー豆は、世界の他の産地に比べてスペシャルティコーヒーマーケットでの評価が高く、長い間ニセ者が出回ったりもしていた。「アンティグアタイプ」といった他の産地のコーヒーも多く流通されている。そこでアンティグアの農園主たちは、ＡＰＣＡ（アンティグア生産者組合）を作り、出荷時には麻袋にAntigua　coffeeのマークを刻印、本物の証を記すことを取り決めた。優れたコーヒー豆の産地として、アンティグアのブランディングを確立したのだ。

　２００７年、ＡＰＣＡのコンテストが実施され、そこで「サンタカタリーナ農園」は見事一位を獲得した。アンティグア産の中でも最も明確なコクを持つ「サンタカタリーナ農園」のコーヒー豆。通常、グアテマラのコーヒーはフレンチローストにするとその個性が消え、焦げてしまう。しかし、「サンタカタリーナ農園」の豆は、寒暖差が激しい環境で育ったため実がしまっており、フレンチローストでもその香味を主張する。

　甘い果実の酸や複雑な舌触りがあり、ミディアムからフレンチまでさまざまなローストで味わうことができる「サンタカタリーナ農園」のコーヒー豆。毎年ＳＣＡＡ（アメリカスペシャルティコーヒー協会）のカップ基準でも88点前後を獲得しており、グアテマラ、そして世界で最高峰のおいしいコーヒー豆と言うことができる。

「キリマンジャロ」で親しまれるコーヒーの中でもナンバー1

ブラックバーン農園

タンザニア

アフリカの最高峰、キリマンジャロ。そこからほど近い農園で、最高峰のコーヒー豆が生まれる。象やバッファローが行き交う農園で野性的に育った豆は、他にはない独特のコクと酸味を誇る。

(上)シェードツリーの下で育つコーヒーの樹。(右中)キリマンジャロ山。(右下)豊かな環境により、元気な樹が成長する。(左中)農園内に流れる湧き水により、安定した栽培が可能。(左下)土壌温度の上昇を抑え、保水力を高めるため落葉などで敷藁をしている。

多品種の混同により豆に独特の個性が加わる

日本では「キリマンジャロ」という名で流通されているタンザニアのコーヒーだが、実は現地には「キリマンジャロ」というコーヒーは存在しない。国名の「タンザニア」が正式な名称だ。

タンザニアのコーヒーの産地は、北部と南部に分かれる。キリマンジャロ山に近い北部が優良産地で、モシ、アルーシャ、カラツの3地区からなっている。「ブラックバーン農園」は、その中のカラツ地区にある。

標高5895mのキリマンジャロ山から西に約200km。オルディアーニ山(標高3188m)の山腹、標高1540〜2010mにある「ブラックバーン農園」は、有名なンゴロンゴロクレーターに隣接し、豊かな自然に恵まれている。農園内は、象やバッファローの通り道で、ときにコーヒーの樹が踏み倒されることもあるが、野生動物と共存し自然環境を保全しながら、極めて品質の高いコーヒー豆を生みだしている。

タンザニア北部の農園主は、ほとんどが海外に住んでおり、現地の管理はマネージャーが行っていることが多い。しかし、自然と農園を愛する「ブラックバーン農園」の農園主、ミヒャエル・ゲルケンさんは、そこに住み個性的で優秀な豆づくりを続ける、極めて例外的な農園主だといえる。

豆は、標高が高く寒暖差が激しい環境

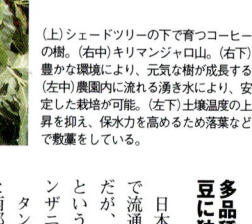

(上) ブラックバーン農園の午後。(右下)天日乾燥場。地面ではなく棚で干すことで、豆を均一的に乾燥できる。(左下)農園主のミヒャエル・ゲルケンさん。

のおかげで実がしまり、フレンチローストにも対応するしっかりとしたコクを持つ。それは先に紹介した「サンタカタリーナ農園」も同様だが、「ブラックバーン農園」の豆は、酸に特徴がある。タンザニアの豆は、ブルボン種とケント種、そしてその交配種があり、どの農園も各品種が混在。「ブラックバーン農園」も例外ではないが、それにより、グレープフルーツやオレンジなど柑橘系の甘い酸があり、他にはない独特の香味が生まれているのだ。

２００４年、２００５年と連続してタンザニアコーヒー協会の「北部農園最高品質コーヒー」に認定されたり、東アフリカファインコーヒー協会(ＥＡＦＣＡ)の２００５年度のコンテストで最高得点を獲得したりと、「ブラックバーン農園」のコーヒー豆は、これまで数々の栄誉に輝いている。

灌漑設備が決して万全とはいえない状況にありながらコーヒー栽培にベストな風土、そして農園を愛するミヒャエル・ゲルケンさんにより、「ブラックバーン農園」はタンザニア屈指の農園として世界が認めている。

ブラックバーン農園

■所在地／タンザニア北部
標高 1540〜2010m
■栽培品種／ブルボン種、ケント種
■経歴／2005年、東アフリカファインコーヒー協会(EAFCA)のコンテストで最高得点を獲得

コーヒーは生豆《なままめ》が命！ 基本に忠実な栽培法を貫く農園がコーヒーをおいしくする

細かい作業を怠らず丁寧に行う農園でこそ、おいしい豆は誕生する。ここでは、基本的なコーヒー栽培の工程を紹介しよう。

(右)コーヒーの花。白い花がいっせいに開花することが多い。(左)東チモールの農家の摘みとり風景。赤く熟した実だけを選別して収穫する。

(右)収穫した実から、未熟豆を取り除く作業。収穫をしたその日の内に果肉を除去しないと、発酵臭が付着する。(左)果肉除去機。パーティメントを除いたり未熟豆の選別も可能。

(右)パーティメントのヌメリをとるウォッシュトが行われる水槽。外気温や水温にもよるが所用時間は約36時間。(左)最終のハンドピック。これにより欠点豆はより少なくなる。

コーヒー栽培の基本〈ウォッシュト〉

- いい土壌に種を植える
- 強い苗を作る
- 成長するまで剪定をする
- 赤い実を摘む
- 未熟豆を除く
- ヌメリをとる
- 水洗いする
- 均一に乾燥させる
- 2カ月寝かせる
- 欠点豆を除く

苗床作りから果肉除去、乾燥、選別など工程はさまざま

コーヒー栽培は苗床を作り、完熟の実から選別した種を植えることから始まる。発芽後、植え替えや植樹、剪定を行い約2年半でオレンジやジャスミンの香りを漂わせながら白い花が咲く。それから約7カ月後、丸い緑の実が姿を現す。実が赤く完熟するといよいよ収穫だ。集荷をし、未完熟豆が混入している場合はすぐに取り除かれる。味にダメージが出やすいからだ。水槽につけて浮いた未熟豆を人が取り除いたり果肉除去機で選別するなどの作業が行われ、完熟豆だけがコーヒー豆となる準備を認められる。

赤い実はまず果肉を除去し、パーティメント（内果皮）と呼ばれる薄い皮を覆った豆状に。この段階でパーティメントはヌメリを帯びているため、水槽に入れて自然発酵をさせヌメリを除去し、その後水洗いするウォッシュトという工程を経て乾燥場へ。日照時間に影響するが、乾燥にかかるのは1週間から10日程度。乾燥したパーティメントは、1～2カ月休息させ、水分値を安定させる。最後に脱穀機でパーティメントを取り除き、ようやく生豆の状態となる。しかし、ここからもうひと手間。選別機やハンドピックでさらに欠点豆をはじいていく。

以上がコーヒー栽培の基本であり、この作業を怠らず丁寧に行う農園でのみ、スペシャルティグレードのコーヒーが栽培される可能性が高いといえる。

豆を均一に乾燥させるため、日に何度も撹拌。湿度の多い環境などでは風通しをよくするために、パーチメントを地面ではなく網状になった棚に広げて行う場合もある。

2008年COE（カップ・オブ・エクセレンス）のハイスコア獲得ベスト3の農園を訪ねる！

世界のスペシャルティコーヒーの名産地ランキング

コーヒー本来の味が勝負のスペシャルティコーヒー

赤道をはさんだ北緯25度と南緯25度の間は、気候的にコーヒー栽培に適し、コーヒーベルト地帯と呼ばれる。地質によって育つ品種は違うため、それぞれの土地に適した品種が、栽培、精製されている。

ジャマイカのブルーマウンテン、ハワイのコナなど、各産地を代表するコーヒーで最高峰の銘柄は、高価な価格で取引されてきた。

「しかし、コーヒーの味そのもので価格が決まって取引されるようになったのは、ここ10年ぐらいのことですよ」

そう語るのは、丸山珈琲店主で、日本スペシャルティコーヒー協会理事の丸山健太郎さんだ。

「それまで、ブランドコーヒーは2種類ありました。一つはコロンビア・スプレモなど、豆のサイズや欠点豆の数などでよりグレーディングされたもの。もう一つはブルーマウン

ハワイ HAWAII
コナ

ハワイ島のコナ地区で栽培されるアラビカ種のコーヒー。コナ地区は火山性の肥沃な土地でコーヒー栽培に適している。柔らかな酸味と爽やかな香りがある。エクストラファンシーが最高級品と格付けされる。

グアテマラ GUATEMALA
アンティグア

かつてグアテマラの首都があったアンティグアの地帯は、３つの火山に囲まれた盆地で、降雨量もあり、コーヒー栽培に最適な土地。等級は高度によって分けられ、高いものほど高級品とされる。酸味、コクが豊か。

ジャマイカ JAMAICA
ブルーマウンテン

ジャマイカ東部のブルーマウンテン地区で栽培されたアラビカ種コーヒー豆のこと。酸味や甘みのバランスがよい。「Ｎｏ１」「Ｎｏ２」「Ｎｏ３」と格付けされ、直径6.75～７mmの豆96%以上含まれるものが「Ｎｏ１」に。

コーヒー名産地

コーヒーは約60カ国で生産されている。その中でも名産地と呼ばれる国と代表銘柄をピックアップ。

コスタリカ COSTA RICA
SHB

ＳＨＢはStrictly Hard Bean（ストリクトリーハードビーン＝特に堅い豆）の頭文字をとったもの。コスタリカでは、等級を高度、産地で格付け。SHBはその最高級輸出規格で、標高1170m～1620mで栽培されたもの。

コロンビア COLUMBIA
メデリン

メデリンはコロンビアの中西部、アンティオキア県の標高1500mほどのところにある、コロンビア第二の都市。コロンビアは、コーヒーの品質に厳しいが、メデリンは、コク、香りが高い最高級品とされている。

ブラジル BRASIL
サントスNO.2

ブラジルは世界第一の生産国で、世界の約三分の一を生産。サントス港出荷のコーヒー豆はブラジルの中でも最高級品とされる。柔らかな酸味と適度な苦味や香りが特徴。ブレンドのベースとしてよく使われる。

テンなど伝説やバックグラウンドストーリーを持ったコーヒーです」

大きく変わったのは、97年に、ITC（国連）の基金とICO（国際コーヒー機構）が、発展途上生産国の経済的自立支援のために始めたグルメコーヒー開発プロジェクトがきっかけだ。元々コーヒー鑑定士がいて、自信満々のブラジルが、プログラム通りに豆を作って消費国に送ったものの、そこでダメだしされる。

「ネガティブチェック中心の鑑定で、基準の統一がなかったんです。じゃあ、消費国はどんな豆を求めているのか、ということで99年にブラジルで初のカップ・オブ・エクセレンス（COE）が開催されました」

世界各国の審査員による厳しい審査で84点以上を取り入賞した豆はインターネットでオークションにかけられコーヒー業者が入札する仕組みで、現在9カ国で開催されている。

「84点以上取るのは至難の業で入賞しただけでもかなり優秀。でも飲む人は難しく考えずに『おいしい』とわかればそれでいいと思います」

丸山健太郎さんプロフィール

1968年生まれ。1991年に「丸山珈琲」を開店。2002年よりCOEの国際審査員として、世界各国で行われるオークション前の品評会に参加。コーヒーのバイヤーとして、ロースターとして、日本スペシャルティコーヒー協会理事として、国内外で活躍している。

COE＝カップ・オブ・エクセレンスとは

世界各国の複数のカッパー（審査員）によるカッピング（テイスティング）で、味のきれいさや、酸の質、甘さなど、7項目が厳しく審査される。平均点84点以上を取ると、COEの称号が受けられ、インターネットでオークションにかけられる。

コーヒーベルト

赤道をはさんだ北緯25度と南緯25度の間。年間の平均気温20度程度、標高が1500mで、降雨量が多い。

イエメン YEMEN
モカ・マタリ

モカはかつてアラビアで産出されたコーヒーが船積みされた、イエメンの港町の名前。サナア州のバニー・マタル地方で取れるアラビカ種コーヒーがモカ・マタリ。「コーヒー・ルンバ」という歌に伝説のコーヒーとして登場する。

インドネシア INDONESIA
マンデリン

インドネシアはアジアではベトナムに次ぐコーヒーの産地。その9割はロブスタ種で、1割がアラビカ種。スマトラ島で生産される希少なアラビカ種がマンデリンで、ブルーマウンテンが登場するまでは、世界一と言われていた。

10の世界の

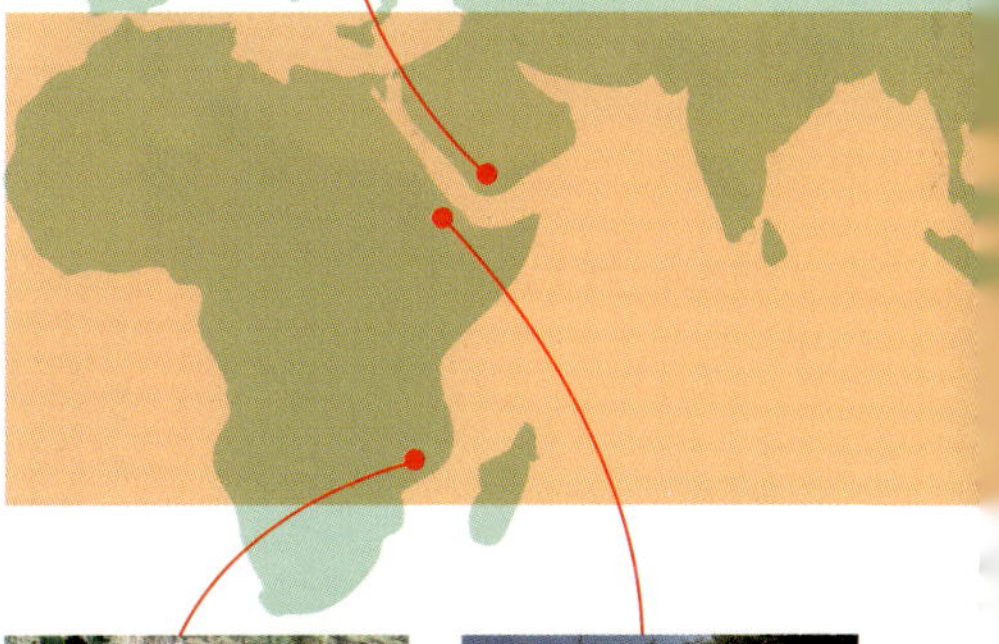

タンザニア TANZANIA
キリマンジャロ

タンザニア北部の名峰キリマンジャロの斜面やケニア近くのモシ地方などで栽培されるタンザニア産のアラビカ種のコーヒー。キリマンジャロの火山灰の恩恵を受けた土壌で育ち、豊かな酸味と上品な味わいがある。

エチオピア ETHIOPIA
モカ・ハラー

エチオピアの東部の山岳地帯、ハラー地方で生産されるアラビカ種。モカ独特のスパイシーな香りと酸味がある。豆の等級は欠点豆の数によって決められており、1～8のグレードがある。グレード5以上が輸出される。

2008年、おいしいコーヒーの頂点を極めたCOEハイスコアランキングBEST10

順位	国内順位	農園名	生産者	COEスコア	国
1	1	El Injerto I	El Injerto, S. A.	93.68	グアテマラ
2	1	Faz Kaquend	Ralph de Castro Junqueira	93.65	ブラジル
3	1	La Ilusion	Juan Jose Ernesto Menedez Argullo	92.67	エルサルバドル
4	1	Villa Loyola	Eduardo Valencia	92.39	コロンビア
5	1	Cerro del Cielo	Mauricio Esteban Vilchez Urbina	92.25	ニカラグア
6	1	Buremera Mig	Uwimana Rose	92.07	ルアンダ
7	1	Cafe de Cordillera	Zenovia R. Charca de Huayhua	91.5	ボリビア
8	2	La Gloria	Derley Diaz Osorio	91.61	コロンビア
9	2	La Gloria/Limoncillo	Ethel McEwan / Maria Ligia Mierisch McEwan	91.43	ニカラグア
10	3	El Libano	Javier Rubio	91.05	コロンビア

※各国COEの結果を元に編集部が作成。

 取材・文／小川真理子（P16～23）

2008 COE
世界ランキング
第1位

完璧なテロワールと職人芸で見事トップ・オブ・トップの栄冠を獲得！

エル・インヘルト農園

グアテマラ

世界のカッパーたちの舌をうならせたトップオブトップのスペシャルティコーヒー。作ったのはコーヒーにとって最良のテロワールと、脈々と受け継がれた職人芸だった

(上)全敷地約750ヘクタール中、350ヘクタールは1000年もの間手つかずの原生林。これがコーヒー栽培に大きな影響を与えていると見られる。(右上・中)農場で働く人々。(右下)土壌はローム質粘土。(左)入賞したロットの品種はパカラマ。

TEMALA

常にいいものを作り出す奇跡の農園

「通常、ＣＯＥの品評会は、各国で行われるので審査員団も国ごとに違い、相対的な評価は難しいんです。だけど、今年はヨーロッパでＣＯＥのカンファレンスが行われた際に、各国のベスト1を集めて出席者たちでカッピングをしたんです。そこでダントツの人気だったのが、このエル・インヘルトのロットでした」

08年、グアテマラのＣＯＥで93点というハイスコアでベスト1を獲得したこの豆を、丸山さんグループはキロ１９１２０円（12月現在ＣＯＥ史上最高価格）でアメリカのロースターと共同落札した。

「とにかくすばらしいコーヒーなんです。後で聞いたところ、米国の大手百貨店との一騎打ちだったようです。他の人に絶対に渡したくないと思ってビッドしていたので、どんどん値が上がってしまいました」

グアテマラでは、アンティグアがコーヒーの名産地として有名だったが、01年にＣＯＥが始まると、ウエウエテナンゴ州のものが多く上位入賞して大きく注目を浴びた。この農園も、その州にあり、１８７９年から国に登録されている、同地区でもコーヒー栽培の草分け的存在である。現在は3代目が引継いでいる。

農園は標高１５００～２０００ｍに位置し、平均気温は23度。年間降

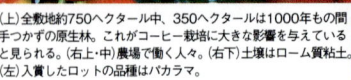

堆肥にはミミズを使用して作り出した有機物質を使用。環境には細心の配慮をしている。収穫時には完全に熟したもののみを手摘み。仕事は隅々まで丁寧。

(右上)豆を均一に乾かすため丁寧に攪拌。(右・中央・左下)実は湧き水を利用して、果肉除去・洗浄され、醗酵槽に浸けられて熟成。充分に甘味を持ったパーチメントになる。その後、パティオで乾燥。

GUA

※各項目は8点満点

丸山健太郎さんのカッピング結果

香り、アロマ	チェリー、バラ、ダークチョコ
クリーンカップ(味のきれいさ)	7.5
甘さ	7.5
酸の質	7.5
マウスフィール(液体を口に含んだときの質感)	8
フレーバー(香味)	8
後味	7.5
バランス	7
オーバーオール(総合点)	7.5
合計	60.5

計60.5点+基礎点36点=合計96.5点

レッドチェリー、カシス、ジャスミン、パワフルなボディ、長く続く甘い後味。時間差で現われてくる非常に複雑な香味。

エル・インヘルト農園

□ 所在地/グアテマラ　ウエウエテナンゴ地区　標高1500〜2000m
□ 栽培品種/パカラマ
□ 経歴/スペシャルティコンペティション4回入賞。2006年、2008年、COEで優勝。

水量は1800〜2000ミリあり、土壌は有機物質が豊富。コーヒー栽培に恵まれた土壌となっている。

「コーヒーにとっては完璧なテロワール。しかも、農園主に手を抜かないというポリシーがあり、品質管理のマニュアルも受け継がれているのでしょう。だから、常にいいものが出来る。それはもう職人芸です」

COEの品評会では、20名ほどのカッパーがカッピングする国内審査が2回と、国際審査も2回。そこで90点以上のスコアをエル・インフェルトは2回も獲得。これは奇跡に近いと丸山さんは絶賛する。この奇跡のコーヒーは、しっかりと真空パックで保管され、すでに丸山珈琲に届いている。12月下旬から販売される予定で価格は未定。

「お祭りと一緒。皆さんに楽しんでいただけるよう良心的価格で販売したいです」と丸山さんは笑う。

2008 COE
世界ランキング
第2位

恵まれたテロワールと人情味あふれる苦労人の心がこめられた逸品！

カケンジ農園

ブラジル

**ジャスミンを思わせるフレーバー、シロップのような素晴らしい甘みをもつ
バランスのよい極上コーヒー。それは真面目さが生み出した賜物だった**

(右)カケンジの農園主。第四世代のコーヒー生産者で、地元の農協のリーダーとしての仕事に熱心に取り組んでいる。(右下・左下)農園は、少し山の奥に入った、標高１４００ｍのところにある。周囲は森に囲まれていて、年間の降水量は２２００ミリと多い。

ＣＯＥが見つけ出した極上のコーヒーの産地

BRASIL

カケンジ農園はカルモデミナスという町にある。ブラジルの首都サンパウロから車で5時間ほどだ。

「カルモデミナスはＣＯＥで見つかったコーヒーの町です。いい産地なのに、山奥にあったせいか、大きなコーヒーメーカー2社ほどが買いつけに行っていたほかは、あまり買い付けに行く人がいなかったんです。本気でこの町に買い付けに行ったのは私たちが始めて。たしか、２００３年か０４年でした」(丸山さん)

丸山さんは、０２年に当時史上最高値でブラジルのコーヒー豆を落札。その農場がカルモデミナスの隣町、クリスチーナにあった。そこを訪れた際にカルモデミナスにも足を伸ばし、コーヒー農園の生産者たちと交流。取引が始まった。

「非常にテロワールに恵まれていて、世界でコンスタントに最高の豆が取れる産地をあげるとすれば、間違いなくベスト3に入る産地。ブラジルでのＣＯＥでは、ここ数年この地域の豆が常に上位に入賞しています」

今回、トップを獲得したカケンジ農園の農園主は、地元の生産者組合のリーダー。素朴でまじめな人柄で組合員のサポートに熱心だった、と丸山さんは言う。自身もＣＯＥに出品はしていたものの、地元のほかの農園が入賞すると、自分ごとのように喜び、自らの豆をＰＲすることはなかったそうだ。今回、一位を獲得したことが知れ渡ると、カルモデミナスの生産者の誰もが喜んだ。

品種はブロボン種の中でも甘みが多く味が良いと言われるイエローブルボン。これを組合のリーダーとして、組合員に模範を示す立場にあるカケンジの農園主が、丁寧に育てた。ブラジルでは、97～98%の生産者が、精製の行程で、実を天日でそのまま乾かすナチュラルという方法を取っている。手間がかからないからだ。カケンジでは、パルパーで果肉を除去した後に乾かすパルプドナチュラルという方法を採用。手間はかかるが、未熟豆を選別できて、ナチュラルよりも品質はあがる。

「ブラジルのコーヒー豆は、一般的にチョコレートやナッツ系の香りのものが多いのですが、この農園のものは、花（ジャスミン）を思わせるフレーバー、シロップのような素晴らしい甘みがあり、非常に整ったバランスのコーヒー。今までの苦労の賜物だと思います」

(上・右・中央)農園の中でも標高の高いエリアに植えているのはイエローブルボン。完全に手摘みで完熟実のみを収穫。パティオでの天日乾燥に3～4週間かける。

※各項目は8点満点

丸山健太郎さんのカッピング結果

香り、アロマ	ミルクチョコ、キャラメル、シナモン
クリーンカップ(味のきれいさ)	7.5
甘さ	7.5
酸の質	7.5
マウスフィール(液体を口に含んだときの質感)	7
フレーバー(香味)	7.5
後味	7.5
バランス	7.5
オーバーオール(総合点)	7.5
合計	59.5

計59.5点＋基礎点36点＝合計95.5点

花(ジャスミン)を思わせるフレーバー、シロップのような素晴らしい甘み、非常に整ったバランス。

カケンジ農園

- □ 所在地／ブラジル　カルモデミナス　標高1400m
- □ 栽培品種／イエローブルボン
- □ 経歴／2008年、ブラジルのCOEで1位

(右下)ブラジルでのCOEの表彰式の模様。農協のリーダーのトップ獲得に、会場中が歓喜に沸いた。(左下)カケンジ農園の農園主の家族。

(左上・右上)農場の近くには松と糸杉で構成された森があり、農園にミクロクリマ(微小気候)をもたらし、高品質のコーヒー豆を生む環境を育んでいる。(下)栽培の難しい伝統品種のブルボン種。収穫はすべて手摘みで行っている。

2008 COE
世界ランキング
第3位

伝統品種と若い作り手の知性が出会い傑作が生まれた!

ラ・イルシオン農園

エルサルバドル

ブルボンという、質は高いが、収穫が少なくて栽培の難しいコーヒー豆をみごとに一級品に育て上げたのは、研究熱心な若い4代目の農園主だった

EL SALVADOR

火山の噴火で土壌がさらに豊かになった

「チェリー、ベリー、トロピカルフルーツなど、さまざまなフルーツバスケットのようにさまざまなフルーツを感じました。赤ワインを思わせる酸があり、とても甘いコーヒーでしたね」

丸山さんはラ・イルシオン農園のロットをカッピングした時の感想をこう語った。

農場はエルサルバドルの北西、サンタ・アナ地区にある。グアテマラ国境に近く、サンタ・アナ火山を抱く国立公園・ロスアンデス公園に隣接。公園と農場の境には松と糸杉で構成された森があって、農園にマイクロクリマ(微小気候)をもたらす。

また、サンタ・アナ火山は、2005年に噴火。近辺のコーヒー農場に熱い灰が降り注いだことで葉が焼け、生産能力が落ち込んだが、一方で、大地に恵みをもたらしたようだ。

「天然のミネラルが降ったことによって、土壌が良質になった可能性はすごく高いと思います。そのせいか、2008年にこの地で取れたコーヒーはどれも良質でした」

今回、トップになった品種はもともと中米に多かった伝統品種、ブルボン。品質は高いが、収量が低く害虫に弱いため、品種改良の進んだ地域ではあまり作られなくなった。しかし、エルサルバドルは内戦による混乱で植え替えが進まず、現在もオ

(左上)ブルボン種のコーヒーの花。(左下・右)手摘みされたチェリーはサン・カルロス農園に運び込まれ、すぐに果肉を除去。16時間、もしくは、最適な発酵状態になるまで、自然に発酵。新鮮な水で洗い、パーチメント(内果皮)についた粘液質を取り除いた後、含水率12%になるまでパティオで100%天日乾燥される。(右上・下)農園主のエルネストさん。COEの会場では取材も受けていた。

リジナルに近いブルボン種が国内の全生産量の70～80%を占める。

農園主のファン・ホセ・エルネストさんは、第四世代のコーヒー生産者で、1995年にサン・カルロス農園を受け継いだ。2000年に大学を卒業し、COEなどのカッパーとしても活躍。3年前にラ・イルシオン農園を手に入れた。コーヒーやコーヒー栽培に関する知識が豊富なエルネストさんは、すべての工程に目を光らせて、自ら徹底した品質管理をしている。たとえば、完熟豆を手摘みして、一粒でも未熟豆の混入があってはならないと、収穫後にもう一度選別作業をする。

COEで会い、エルネストさんのこともよく知っているという丸山さんは、次のように語った。

「彼は勉強熱心で仕事が丁寧です。コーヒーは収穫した後、常に危険にさらされます。処理場に持っていくのにちょっと時間がかかれば、発酵が進み、実を剥く場所で、前のものが残っていると雑菌が入ってしまったりする。要はどれだけ丁寧に仕事をするかで味が変わるんです。エルネストさんは若い知性で、今どんなコーヒーが求められているかをしっかりとキャッチして、見事な伝統的なブルボンを作りあげたと思います」

※各項目は8点満点

丸山健太郎さんのカッピング結果

香り、アロマ	とても熟したフルーツ
クリーンカップ(味のきれいさ)	7
甘さ	7.5
酸の質	7.5
マウスフィール(液体を口に含んだときの質感)	7
フレーバー(香味)	7
後味	7
バランス	7.5
オーバーオール(総合点)	7
合計	57.5

計60.5点＋基礎点36点＝合計93.5点

フルーツバスケットのようにさまざまなフルーツを感じる。チェリー、ベリー、トロピカルフルーツなど。赤ワインを思わせる酸。とても甘い。

ラ・イルシオン農園

□所在地／エルサルバドル　サンタ・アナ地区　標高1800m
□ 栽培品種／ブルボン
□ 経歴／2007年、所有するアラスカ農園で8位に入賞。2008年、エルサルバドルのCOEで1位

日本一のバリスタを目指して、
全国から153人が集合して技を競い合った

ジャパンバリスタチャンピオンシップ'08-'09 密着レポート

エスプレッソを作るスペシャリスト、
バリスタがその技を競い合う競技、
ジャパンバリスタチャンピオンシップ。
今大会はハイレベルなパフォーマンス戦の結果、
新たなスターバリスタが誕生した。

日本人バリスタの世界的活躍で参加者が急増、注目の大会に

２００８年10月。東京ビッグサイトで日本スペシャルティコーヒー協会主催のイベント、ＳＣＡＪ２００８が行われた。会場が最も盛り上がったのは、ステージ上で２日間に渡って行われたジャパンバリスタチャンピオンシップの熱戦だった。

予選に参加したのは１５３名。前日の16名による準決勝を経て、８名が出場する決勝がはじまった。会場は出場者だけでなく、アシスタント、サポート、観客も加わって、競技開始前から大変な熱気に包まれていた。

バリスタはエスプレッソコーヒーを淹れるスペシャリストだ。アメリカからエ

WBC(ワールドバリスタチャンピオンシップ)ルール

1名のヘッドジャッジ、4名のセンサリージャッジ(感応審査員)および2名のテクニカルジャッジ(技術審査員)が、競技者を評価。全審査員は、WBC認定得点表を使用。
●各競技者は、4名のセンサリージャッジ(感応審査員)それぞれに、1杯のシングルエスプレッソ、1杯のカプチーノ(シングルエスプレッソ)、1杯のシグニチャービバレッジ、合計12杯を15分以内に競技者に好きな順番で提供します。●すべてのドリンクは、エスプレッソをベースとし、アルコールを使用してはいけません。●これらの12杯のドリンクを提供する順番は、競技者が決めることができます。●各カテゴリーの4杯のドリンクは、全く同じものであり、4杯同時に提供されなければなりません。●各カテゴリーの4杯のドリンクはすべて、同じコーヒーを使って提供しなければなりません。●競技者は各カテゴリーのドリンク(例:エスプレッソ4杯、カプチーノ4杯、シグニチャービバレッジ4杯)を用意する際、異なるコーヒーを使って提供することができます。

このWBCルールは2009年2月時点のものです。

高い香りと濃厚な味 技術力が試される基本 エスプレッソ

(右)日本のコーヒーの祭典SCAJ2008にて行われたJBC。歴代の優勝者がコーヒーをふるまううれしいサービスも。2005年の世界2位・門脇洋之さんはラテアートを披露。(中)UCCブースでは、同社バリスタでWBC2007第4位の宮前みゆきさんが抽出実演し、客が詰め掛けた。(左)2006年サイフォンの部で優勝した小池美枝子さんも、会場ではカプチーノをふるまう。

出場者を応援する関係者、観客で会場は大賑わい、立ち見も出た。

2008年ジャパンバリスタチャンピオンシップ決勝の出場者8人。

ジャパンバリスタチャンピオンシップ'08-'09 第3位

石谷貴之

(アニヴェルセルカフェ)

青山のカフェでバリスタ歴3年。今回のシグニチャービバレッジは北京オリンピックをイメージした「sourire(フランス語で笑顔、微笑み)」。3年連続で決勝戦に進出、前回は5位。今回の結果に「悔しいの一言。でも課題や新しい発見も見つけた」

(右上)競技スタート後ドリンクの前に、話をしながら水を用意してサービスをする。(右下)ジャッジを前にこの日提供するコーヒーの特徴などを説明する。(左)マシンを使ってエスプレッソの抽出作業にかかる。バリスタの基本的な技術が試される。

エスプレッソ ルール

●エスプレッソは、クレマを含めて1オンス/30mlの液体とします。±5mlは許容範囲とします。●各シングルエスプレッソは、適正かつ一貫したコーヒーの粉量で作成されるものとします。●エスプレッソは、華氏195度-205度/摂氏90.5度-96度の範囲で抽出されたものとします。●マシン抽出時間は20秒ー30秒の間でなければなりません。●エスプレッソは取っ手がついた、2-3オンス/60-90mlのカップで提供しなければなりません。●エスプレッソはすぐにジャッジに提供されるものとし、スプーン、ナプキン、砂糖、水も提供しなければなりません。

スプレッソをメインメニューにしたシアトル系チェーン店が日本に進出して以来、日本人も生活の中でエスプレッソに親しむようになった。バリスタという職業が注目されたのは、世界大会における日本人バリスタの活躍である。

ワールドバリスタチャンピオンシップ(WBC)は2000年から開催され、日本代表は2002年の第3回大会から参戦。初期には横山千尋さんが2004年の世界大会で10位入賞している。

「2005年に門脇洋之さんが世界大会で2位になって以来、国内予選の参加者が一気に増えました。2007年には女性の宮前みゆきさんが4位入賞でマスコミにも注目され、バリスタの知名度が上がりましたね」(日本スペシャルティコーヒー協会・上野登事務局長)

競技はステージ上にエスプレッソマシンを3台用意、出場者が順次15分の持ち時間内で、規定のエスプレッソコーヒーを提供して、審査員がジャッジする、という形式。国内の大会もすべてWBCのルールに則って行われる。

日本スペシャルティコーヒー協会の会長、UCC上島珈琲の上島達司社長は、「バリスタのチャンピオンシップは当初スペシャルティコーヒーの普及のためにはじめたイベントだったが、毎年会を重ねるごとに盛り上がって、今では大会の主役になった。主演する人々であるバリスタの意気込みも年々強くなって、競争が激しくなってるだけに、レベルも上がっています」と語る。

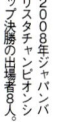

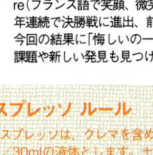

ジャパンバリスタ
チャンピオンシップ'08-'09 第2位

中原見英
(丸山珈琲)

小淵沢リゾナーレ店でバリスタ歴1年半。以前は幼稚園に勤務、生産国を訪れた際に印象的だった子供たちへの思いを込めたメニューやパフォーマンスを展開した。シグニチャービバレッジはコスタリカ特産ブラックベリーのソースを使った「サンマルティンの花」。

華麗なるラテアートが味の決め手
カプチーノ

カプチーノ ルール

●カプチーノは、シングルエスプレッソ、スチームドミルクとフォームドミルクの調和を作り出す比率が重要なドリンクです。●伝統的なカプチーノは、5-6オンス/150-180mlの飲み物です。●カプチーノは、取っ手のついた5-6オンス/150-180mlのカップで提供してください。●伝統的なトッピングであるスパイスや味のついたパウダーなどいずれも使用してはいけません。

(右)カプチーノはエスプレッソとミルクのペアリングを楽しませる1杯。(中)中原さんが描いたきれいなハート型。ラテアートはデザインと技術の確かさが要求される。(左)審査員に話しかけながらドリンクサービスを行い、個性をアピールする。

シグニチャービバレッジ ルール

●シグニチャービバレッジは、競技者によって競技時間中に創作されるエスプレッソベースのフリースタイル式のドリンクです。●シグニチャービバレッジには、エスプレッソと明確に区別できる味が存在しなければなりません。●アルコールは使用できません。●審査員は、スプーンなどを使わずに、シグニチャービバレッジを飲むことができなければなりません。●ポータフィルターの中には、コーヒー粉以外のいかなる材料も入れてはいけません。

ジャパンバリスタ
チャンピオンシップ'08-'09
第1位

岡田章宏(小川珈琲)

小川珈琲で5年、チャンピオンシップで優勝するために取り組み始めた。意欲的でパフォーマンスに優れる。今回は清水焼のオリジナルカップ、シグニチャービレッジでは京都丹波産の和栗を使うなど、京都らしさをアピール。

こだわりの素材で自由に創作する
シグニチャービバレッジ

(左上)和栗を使った「KONOMI」が完成。個性的なシグニチャービバレッジは洋菓子レベル。(左下)初めて味わうドリンクを、いかに審査員にわかりやすく伝えるかも、バリスタの腕の見せ場。

エスプレッソをベースに自由な素材を使って創作するドリンクは、器や盛付けもそれぞれ。作業もより慎重になる。

技術力はバリスタの基本
パフォーマンスで勝負する

この日のトップバッターは初出場、18歳の井崎英典バリスタ。父親の店でコーヒー一筋の道を歩んでいるサラブレッドで、初々しいバリスタぶりだった。続いて女性の中《なか》摩《ま》麗《うらら》バリスタがプロ級のトークで観客の心をつかんだ。

さすがに、どの出場者も技術は確かで、鮮やかな手際でエスプレッソを淹れていく。カプチーノではラテアートを描く手元が巨大スクリーンに映し出されて、会場から大きな拍手が沸き起こった。

オリジナルドリンクのシグニチャービバレッジは、個性を発揮させる見せ所だ。鹿児島からの出場者はサツマ芋、ほかの出場者もそれぞれブラックベリー、ライチ、パイナップル、栗などいろんな素材を使って、こだわりの1杯を披露する。ホスピタリティを意識したジャッジへのプレゼンテーションにも個性を生かした工夫が見られた。

「今年はパフォーマンスが上手な出場者が多い。今までは求道者のようにまじめな人が多かったが、今回は話し方がうまく、前歴を生かしたプレゼンテーションでアピールしている」(前出・上島会長)

さて、決勝戦も順調に進んで、最後の2名は決勝戦連続出場のベテラン。ともに優勝候補が続いて、会場は大いに沸いた。7番目の石谷貴之バリスタに続いて、最後に岡田章宏バリスタがステージに登場すると声援もヒートアップ。会場の盛

決戦を戦い抜いたバリスタたち

第4位 **関口学**（丸山珈琲）

決勝進出は2度目。バリスタ歴は3年。通常は丸山珈琲軽井沢店で卸の仕事を通じて、バリスタのサポートをしている。今回のシグニチャービバレッジ「コーヒーとワイン」はワインの勉強会で、ワインとコーヒーの共通点に触発されて創作した。軽井沢の爽やかさをイメージした葡萄ジュースのジュレを加えたドリンク。

第5位 **中摩麗**（ヴォアラ珈琲）

コンテンポラリーダンサーの道を怪我で挫折したときに、コーヒーに出会ってバリスタ歴2年。初出場で決勝戦まで勝ち残った。前歴を生かした魅力的な声とトークでプロ級のパフォーマンスを繰り広げた。地元鹿児島産サツマ芋の風味を生かした「Sweet Connection」は、エスプレッソとの相性を評価された。

第6位 **富川義隆**
（セントベリー珈琲富山清水元町店）

富山県でバリスタ歴4年。準決勝、決勝進出は初めての経験だった。温かみのある話しぶりで、会場の共感を呼んだ。シグニチャービバレッジは「農場の恵」。和菓子に触れていた経験をいかし、コーヒー生産国で穫れるパイナップル、マンゴーなどのフルーツ果汁と白餡を組み合わせた、個性的なドリンクを提供した。

第7位 **井崎英典**（ハニー珈琲）

18歳。平成生まれ初の決勝進出者となった。福岡「ハニー珈琲」のオーナーである父・井崎克英さんのもとで珈琲の修業。バリスタ歴は1年ながら、優れた資質を期待されている。今回は若者らしい爽やかさで会場にアピールした。応援してくれる祖母ゆかりの宮崎産マンゴーと和三盆を使って「ゼロ」を創作。

第8位 **櫛浜健治**（ゾッカコーヒー）

バリスタ歴7年のベテランで、ゾッカコーヒーではチーフトレーナーを務めている。今回のシグニチャービバレッジは「オクテット（八重奏）」オレンジ、卵黄、蜂蜜など8種の食材のハーモニーを生かしたドリンク。決勝進出は2度目でリベンジはならなかったが、ラテアートコンテストでは見事に優勝した。

（上）2008年ジャパンチャンピオンシップ、バリスタ日本一の栄冠を手にした京都・小川珈琲の岡田章宏さんは大きなガッツポーズで喜びに浸る。（中右）前回の優勝者・竹元俊一さんから表彰される岡田さん。（中左）優勝者に贈られた1位のトロフィー。（下）優勝の岡田さんに続いて、2位には中原見英さん、3位には石谷貴之さんがそれぞれ選ばれた。

り上がりは頂点に達した。

　盛況のうちに1日がかりの競技が終わって、表彰式がはじまる。8位から名前が呼ばれていく。最後に名前を呼ばれたのは、京都・小川珈琲の岡田章宏バリスタ。日本一となった岡田バリスタがにこやかにガッツポーズを決める。一人のスターバリスタが誕生した瞬間であった。

「岡田君は技術力だけでなく、セルフコントロールできるバリスタです。世界大会でも上位に入れる実力があります。日本のバリスタは誰が行っても、世界で10位以内に入れるレベル。世界大会では技術の確かさとともに、クールジャパンをアピールしてほしい」（前出・上島会長）

　次回の世界大会は2009年4月、アメリカのアトランタ。優勝者の岡田バリスタは日本代表として出場する。次回から採点方法が変わって、技術よりも味、パフォーマンスで勝負する傾向が強まった。バリスタ一人の能力だけでなく、応援する所属会社、コーヒー店の組織力も大きな要素になっている。課題がないわけではない。英語力の壁もある。

「現在のルールは欧米ルールで日本人には不利です。日本が中心になってアジアンルール、日本ルールを作って、日本らしさをいかにアピールしていくか。その点、京都出身で京らしさをアピールできる岡田君には期待しています」

　と上島協会会長はバリスタの将来に言及した。今年こそ日本勢初の世界チャンピオンが誕生してほしいものである。

 取材・文／阿部文枝　撮影／谷口宗仁

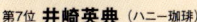

ジャパンバリスタチャンピオンシップ'08-'09優勝！次は世界一を目指す

WBC《ワールドバリスタチャンピオンシップ》2009日本代表 岡田章宏（小川珈琲）が魅せる

日本一のバリスタの技

日本の頂点に立ち、世界大会に向けて技術を磨き続ける「京都の珈琲職人」岡田章宏さん。その卓越なる技の秘密と味へのこだわりをうかがった。

岡田章宏

1971年京都生まれ。04年に小川珈琲の正社員となりバリスタ修業開始。06年ジャパンバリスタチャンピオンシップ全国6位、08年同準優勝、ワールドラテアートチャンピオンシップ3位入賞。バリスタとして京都三条店に立つ他、プロ向け技術講習も行う多忙な日々。

バリスタ1人の力だけでなく、チームで掴んだ世界への道

岡田さんがバリスタとしての修業を始めたのは5年前。高校卒業後、家業を継ぐために勤めていた呉服商を辞めて、小川珈琲本店でアルバイトをするようになって2年が過ぎていた。

「うちの系列店舗はどこもドリップが中心ですからバリスタという職業があることすら知りませんでした。雑誌で偶然ジャパンバリスタチャンピオンシップの記事を見つけ、世界一になる可能性もあるなんてすごいな、って興味を持ったんです。すぐに会社にセミオートのエスプレッソマシンが欲しいとお願いしたんですが、なかなかうまくいかなくって（笑）。でもあきらめきれず、とにかく技が見たくてバリスタのいるカフェめぐりをはじめました。その時に東京の、西谷恭兵さんや当時の日本チャンピオンだった横山千尋さんと出会い、それがきっかけにもなって、小川珈琲でもバリスタ育成に乗り出し、その第一号として正式に入社することになりました」

そして5回目の挑戦で得た日本一の座。

「入社する時に〝絶対に日本一になる〟と宣言していたのでホッとしました（笑）。チームプレイで得た優勝です。僕は抽出者にすぎず、珈琲鑑定士や焙煎士、そしてパティシェなど周りの人の支えがあってこそ。これからもおごらずに抽出する技術を磨いていきたい」

小川珈琲京都三条店では、チンバリを

使用しているが、世界大会に向け、さらなる技術向上に励む岡田さんが味の探求のために使用しているのは、イタリアのダラコルテ社のエスプレッソマシン。

「これはメインボイラーの他、抽出ヘッドごとにボイラーがついていて、それぞれの湯温設定が可能なため温度管理を徹底できるので、味がぶれないんです」

味を見極めていく作業をするには、マシンの安定性が絶対条件となる。

「今回、エスプレッソの味には絶対的な自信を持って大会に挑みました。バランスが良く、香りが華やかで甘い味を理想にして、大会で使用されるマシンでも再現できるようにしたんです」

香りと甘さにこだわったエスプレッソは、香りにインパクトを持たせるためエチオピアをベースに、ブラジルで果実の甘さを表現し、コスタリカとエルサルバドルの透明感のある酸味が後味となって口の中に広がるようにブレンド。それぞれの豆の味わいを最大限に引き出すバリスタがいてこそ、極上のエスプレッソが完成する。

右上／1階は禁煙席17席、2階は喫煙可能で34席。右中／カラフルな清水焼のオリジナルカップが並ぶ。右下／オーガニックブレンドコーヒー440円、エスプレッソ&ミルクをシェイクしたシェケラート550円。左／岡田さんが三条店に立つのは毎週金曜の午後。

小川珈琲 京都三条店

㊟京都府京都市中京区
三条通河原町東入中島町96-2
(三条木屋町ビル1F)
☎075-251-7700
㊖9～21時(LO20時半)
金・土・祝前日9～22時(LO21時半)
無休

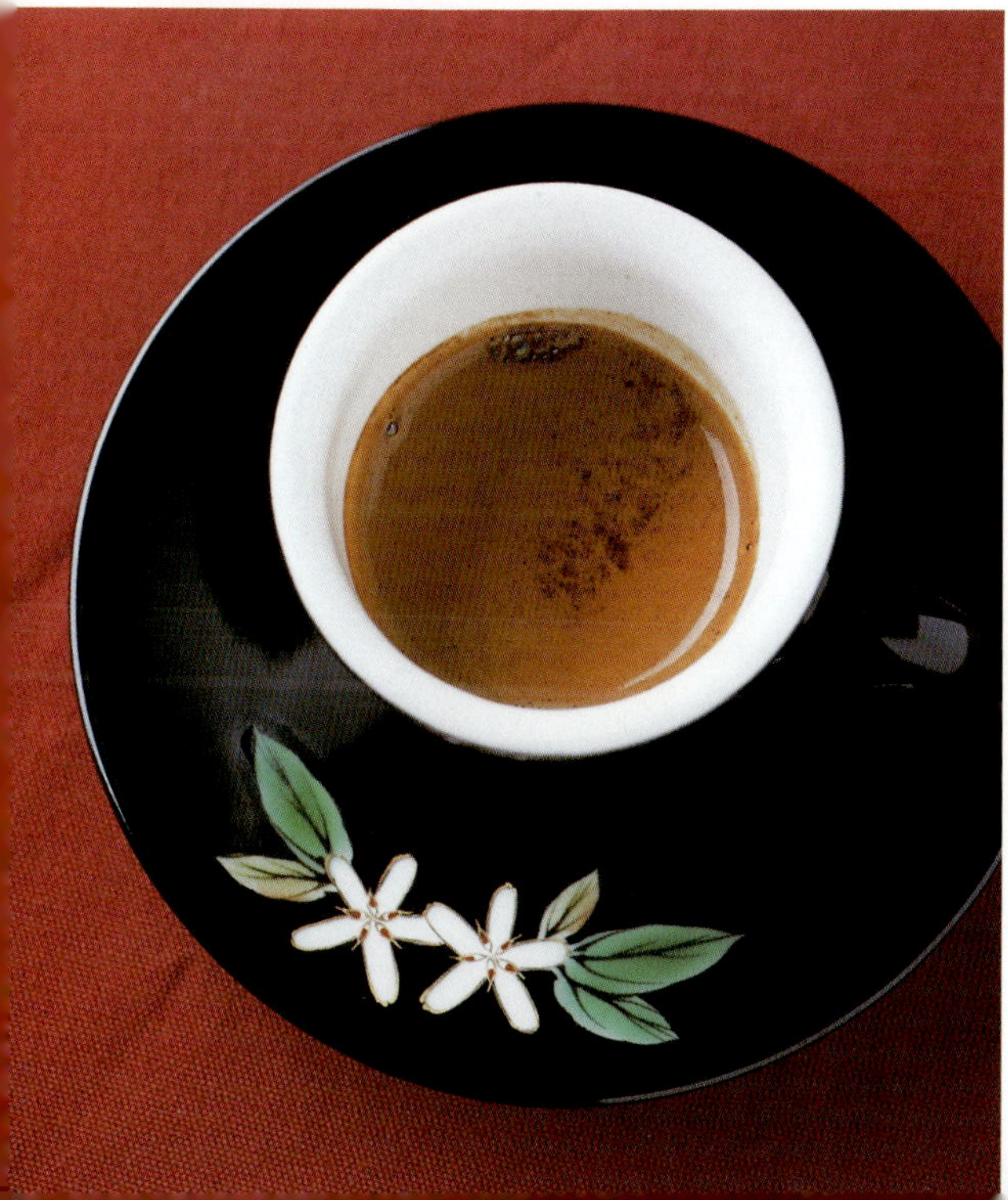

すべてはここから始まる

エスプレッソ

コーヒー豆の味わいを堪能する究極の一杯。挽き方、タンピングの仕方、そして抽出時の温度管理、その全てに神経集中させる。

材料(一杯分) エスプレッソ用コーヒー豆10g

1 豆の挽き目のバランスを見ながら、1秒1ccの感覚で粉の量を調節する。1ショットの目安は20～30秒=20～30cc。2 タンピングは水平を保つのがポイント。岡田さんは十字に押すので2回。最初はグッと押し込んで、次は力を加減しながら押さえていく。3 ポルタフィルターを抽出ヘッドに取りつけエスプレッソを抽出する。20～30秒で落ちるのが理想だが、そうでない場合は豆の挽き目を調節する。

ラテアートの魅力

カプチーノ

エスプレッソの味をやさしく包み込むような甘みを感じさせる
フォームドミルク。そのきめ細かなミルクにバリスタの技が光る

材料(一杯分) エスプレッソ30cc　牛乳125cc

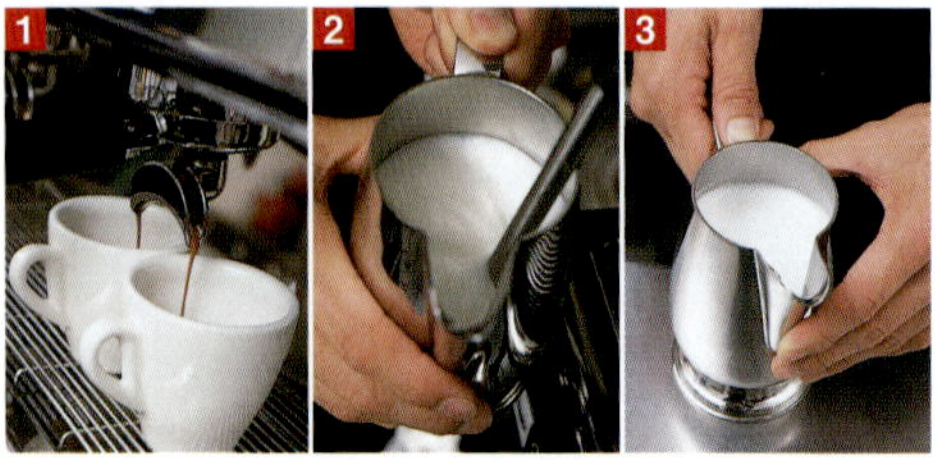

1最初にエスプレッソを抽出する。2牛乳が冷たい間に手早くスチームしボリュームアップすることで、牛乳の甘さを引き出し、きめ細かでまろやかなフォームドミルクになる。最初は浅めにノズルをさし牛乳に空気を抱き込ませる。「ツツツー」と音がしたらノズルを深くして牛乳を撹拌させる。3ピッチャーをトントンと振動させて、液体部分と泡部分を混ぜ合わせることでつややかなミルクとなる。

ラテアート ロゼッタの作り方

1中央よりもやや奥からミルクを注ぎはじめる。2ピッチャーを左右に振りながらミルクを注ぐ。3注ぎ口を液面に近づけ左右に小刻みにピッチャーを振り、徐々に振り幅を小さくする。4ピッチャーを上げ、ミルクを細く落として真ん中に細いラインをいれる。

ワールド ラテアート チャンピオンシップ 3位に入賞 「富嶽」の作り方

材料(一杯分)

エスプレッソ25cc、フォームドミルク125cc、チョコレートシロップ・コーヒーフレッシュ少量

1ロゼッタを描く要領で、最初は大きく段々細くしがら、カップに沿うようにミルクを注ぎ波を描く。2山頂の雪としてミルクを落とす。3カクテルピンを使い、チョコレートシロップで富士山を型どる。4筆を使いコーヒーフレッシュを表面に散らし、波しぶきを描く。

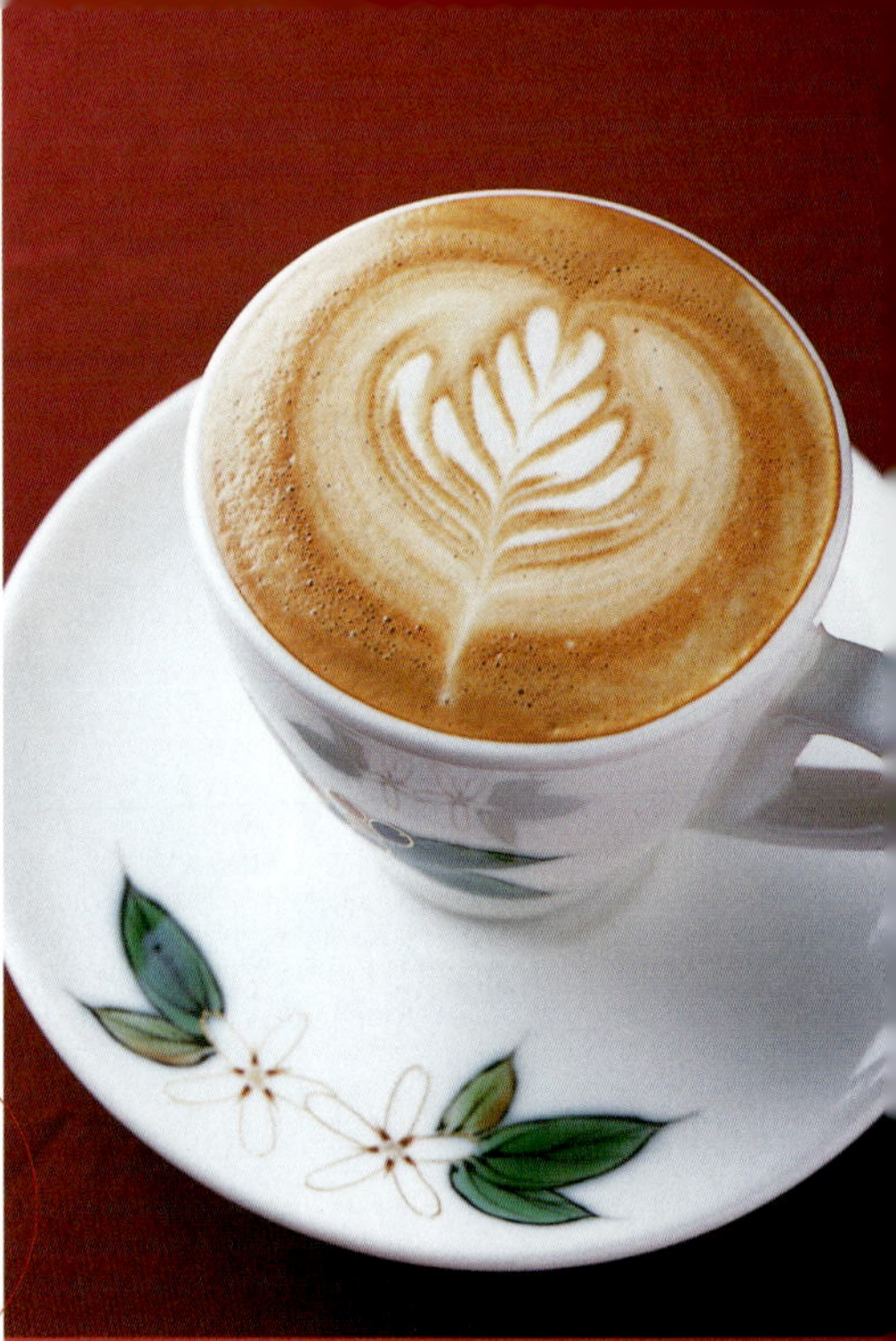

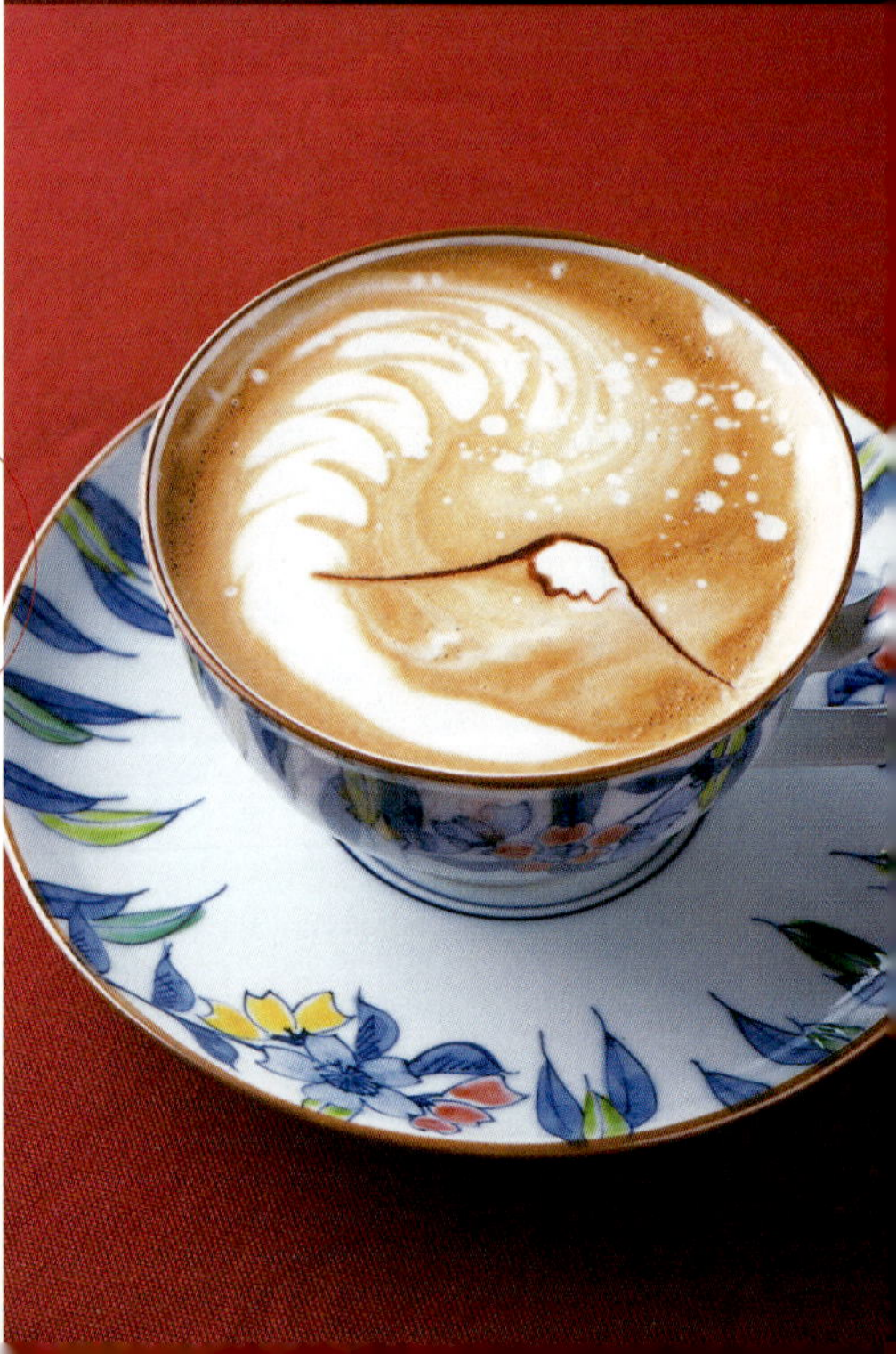

京都の名産を取り入れたシグニチャービバレッジ

KONOMI

地元の京都丹波産の甘栗を使った
マロンペーストのなめらかな味わいと
マスカルポーネチーズのコクが
エスプレッソと見事に調和した一杯

材料(一杯分)

エスプレッソ25cc、マスカルポーネクリーム10g、マロンペースト8g ●マロンペースト／甘栗甘露煮400g、ヘーゼルナッツ25g、アイスクリームベース80g、牛乳200cc ●マスカルポーネクリーム／マスカルポーネチーズ20g、牛乳10cc、グラニュー糖10g

1マロンペーストのすべての材料を、パコジェット(アイスクリームをなめらかにする機械)の専用ビーカーに入れて冷凍する。一度パコジェットにかけてなめらかにしたものを再冷凍し、もう一度パコジェットにかける。2すべての材料をまぜてできたマスカルポーネクリームを、グラスに入れる。3マロンペーストをスプーンで取り、バーナーで焼き目をつける。4グラスにスプーンを入れる。5エスプレッソを抽出する。6グラスにエスプレッソを注ぐ。

カップの中に集約されたバリスタの技とセンス

「ワールドラテアートチャンピオンシップ2008」で3位に入賞した経験のある岡田さん。その実力は今回の優勝でも大いに発揮された。カプチーノの要ともいえるフォームドミルク作りにもバリスタの高い技術が求められる。

「〝早く細かく〟がポイントで、液面とノズルの微妙な距離を保ちながらスチームする音を連続させて素早くボリュームアップさせるんです。それからミルクをスピンさせてなめらかで細かな泡にします。ここでやりすぎてもだめなんです」

牛乳本来の甘みを感じさせながらとろりとした泡にする、それが味わいを大きく左右するという。そしてデザインにも岡田さんならではのこだわりがある。

「京都ということで和の素材を使うように意識しています。今回のシグニチャービバレッジにも京都丹波産の和栗を使おうと考え、パティシエに相談して理想の味をどう表現するかを考えました。デザインカプチーノで富士山を選んだのもそう。外国の人が日本を想像しやすいものをと考え、有名な北斎の『富嶽三十六景神奈川沖浪裏』をデザインに使いました」

いよいよバリスタチャンピオンシップ世界大会へ。その意気込みをうかがうと、「世界レベルのコーヒーを体感して、そこで得たものを広めていきたい」

そう、岡田さんの夢は〝いつも世の中においしいコーヒーがあること〟なのだ。

 取材・文／角田多佳子 撮影／宮前祥子

WBCワールド・バリスタ・チャンピオンシップ2007日本代表、世界第4位！
世界一のカプチーノを淹れるトップバリスタ

宮前みゆき（カフェラ大丸神戸店）の珠玉の一杯

高いポンプ圧で抽出されたエスプレッソはコーヒーのうまみや香りがぎっしり詰まっている。エスプレッソ・ソロにフォームドミルクを注いだカプチーノは表面にハートやリーフ、くまにうさぎなどを描いたデザインカプチーノとしても注目度UP。2007年日本代表、世界4位のバリスタがエスプレッソの楽しみ方と世界の技を公開。

撮影／宮前祥子　取材・文／今村博幸
スタイリスト／黒田裕子

大人気、
デザインカプチーノを
上手に描く技を
公開！

世界4位の好成績と
ベストカプチーノ賞受賞

2007年日本代表としてバリスタの世界大会であるWBCに出場。JBCの時に優勝したオリジナル作品「絆」を改良した「一期一会」で総合第4位に輝く。大会は、予選と決勝を2日に分けて行われた。予選直前は緊張したが、本番では楽しみながらできたと宮前さん。

1981年熊本生まれ。2007年JBCで史上最年少、女性初の優勝を勝ち取る。同年WBCで世界第4位。部門別ではベストカプチーノ賞受賞。著書に『エスプレッソコレクション』（MCプレス）

バリスタ宮前みゆきさん カプチーノでは世界の頂点に

芳ばしい香りの中で、黙々とエスプレッソを淹れる宮前みゆきさん。日本屈指のトップバリスタだ。去年の日本バリスタ・チャンピオンシップ（JBC）で優勝し、日本代表として参加した世界バリスタ・チャンピオンシップ（WBC）では第4位という成績を残した。ところでバリスタとは、エスプレッソを淹れる専門家のこと。

「エスプレッソを美味しく淹れるのはもちろんですが、お客様が満足するサービスを提供するのもバリスタの仕事です」

宮前さんが、バリスタを目指したのは、些細なきっかけからだった。学校を卒業した宮前さんは、何気なく始めた喫茶店でのアルバイトで、コーヒーを抽出する面白さやサービスする楽しさに目覚める。程なくして社内コンペのサイフォンの部に出場。その大会で出会ったのが、デザインカプチーノだった。一瞬でその美しさに魅せられる。以来、店に出かけては、飲むようになった。

「店で飲むデザインカプチーノは、眺めているだけで幸せな気分になれました」

カプチーノの魅力に取り憑かれた宮前さんは、エスプレッソを供する店で働き始め、彼女が味わった幸せな気分を多くの人に味わってもらいたいという気持ちを胸に、バリスタの世界へとのめりこんでいく。そして、世界大会でベストカプチーノ賞を受賞するまでに成長した。

エスプレッソを淹れる宮前さんの姿は美しい。しかもそれは、しっかりした技術に裏打ちされている。彼女は言う。

「お客様の心に響くエスプレッソを作りたい、ただその一点なんです」

そんな彼女の強い思いこそが、世界4位という実力の所以なのだ。

デザインカプチーノ 宮前さんの技公開

①カップの中央にフォームドミルクを落とす。②ピッチャーの注ぎ口を奥に移動。③白い模様が見えたら、ピッチャーを左右に揺らしながら手前に引く。④揺れを徐々に小さく。⑤模様の中央を切るようにピッチャーを前方に。⑥ピッチャーがカップの縁に到達して完成。

Espresso Solo｜エスプレッソ・ソロ

エスプレッソの美味しい入れ方

グラインダーからの粉の落ち方を見極め、レベリングで隙間ができないように粉を詰め、タンピングで押し固める。手順としてはシンプルだが、それぞれの作業をいかにていねいに正確に行えるかがポイントになる。湯の温度は92℃前後、抽出時間は約30秒が目安だ。豆は挽いた瞬間から劣化が始まる。手際のよさも美味しさの秘訣だ。

材料(一杯分)　**エスプレッソ用コーヒー豆…10g**

1

グラインダーをセットする場所は、落ちてくる粉がポルタフィルターからこぼれないような位置。このとき粉がフィルター全体に均一になるように。そして、粉の山の頂点がポルタフィルターの中心にできることが理想だ。

2

粉の密度を一定にし、隙間なく粉をならす(レベリング)。フィルターをテーブル上にしっかり固定し、タンパーを真上から垂直に強く押す(約20kgの強さ)。さらにもう一度押し、タンパーを回して表面を滑らかに。

3

指の腹で、ポルタフィルターの縁についた粉を丁寧に拭き取り、フィルターを逆さまにして余分な粉を落とす。これをマシンにセットして抽出ボタンを押す。抽出量を確認しながら適量(約30ml)が抽出されるようにする。

Cappuccino｜カプチーノ

カプチーノの美味しい入れ方

エスプレッソの風味を手軽に味わえるのが、カプチーノ。フォームドミルクは、液体と泡のバランスが大切。泡が多すぎても液体が多すぎてもおいしいカプチーノにはならない。理想は、カプチーノカップで飲んだ時に、ミルクの液体と泡が同じ量だけ口に入ってくるような配分にすることだ。表面に絵を描けば楽しさもプラスされる。

材料(一杯分)　**エスプレッソ・ソロ…30ml、牛乳…125ml**

1

液体と泡が程よく混ざり合ったものがカプチーノ用のフォームドミルク。まずは、ピッチャーに適当な量の牛乳を注ぎ入れる。ピッチャーの容量は、入れる牛乳の量の倍程度のものを使うと作業がしやすくなる。

2

蒸気の強さを一気に上げて牛乳をスチームする。最初は浅めにノズルをさし、牛乳に空気を2〜3秒抱き込ませる。「ツツツツーッ」という音が、空気を抱きこんだサインだ。空気が入ったら、ノズルを深くして牛乳を攪拌。

3

ピッチャーの底をテーブルに軽く打ちつけ、スチーム時に発生したフォームドミルクの大きな気泡をつぶす。エスプレッソ・ソロにそれを注ぐ。ピッチャーを傾けながらカップの縁までゆっくりと一定の場所に、が原則だ。

デザインカプチーノは中心から描いていく

うまく描けるか描けないかは、バランスの取り方次第。
絵は中心から描くと全体のバランスがとりやすい。
動物の顔を描くなら目ではなく鼻から描いてみること。

Heart | ハート

①カプチーノカップにエスプレッソ・ソロを抽出。フォームドミルクをカップの中央にゆっくりと注ぐ。②極力注ぐ量が一定になるようにミルクを注いでいく。③表面に白い模様ができ始めたら、カップにピッチャーの注ぎ口を近づけ、左右に少しずつ揺らしながら模様を作る。④模様の中央を横切るようにミルクを注いで止める。

Rabbit | うさぎ

①カップの手前からフォームドミルクを注いでいく。②③白い模様が浮いてきたら、注ぎ口を前方にゆっくりと移動させて輪郭を作っていく。④ハートの形を作る要領で、模様中央の途中まで横切るように切り込みを入れ、耳の形を作る。⑤⑥ピックでクレマをすくい取りながら、そのクレマで鼻を描き、同様に目とヒゲをつける。

Bear | くま

①②カップを少し傾けハートの要領で丸い模様を作る。③④いったんピッチャーを上げてフォームドミルクを注ぐのをやめ、くまの鼻の部分ができるまで再度フォームドミルクを注いでいく。⑤スプーンで泡の部分をすくい取って顔の斜め上の左右に丸く耳を描く。⑥ピックでクレマをすくい取って鼻、目、耳を、頬に毛の流れを描く。

アレンジ・エスプレッソとは、生クリームや甘味料、フルーツなどを使った、エスプレッソのバリエーションのこと。カプチーノなどもそのひとつだ。宮前さんの作るオリジナルは女性らしく艶やか。そのいくつかを紹介しよう。

まず、WBCにおいて、4位になったときの作品が「一期一会」である。

「これは、お客様と接するとき一番大切にしたい気持を形にしたものです」

日本で最初に行われたWBCの大会なので、「和」も意識した。プレゼンテーションでも、茶器と茶筅を使ったり、甘味は和三盆、さらに愛媛産のみかんのはちみつを使って和風を強調した。また「絆」は、JBCでの優勝作品だ。エスプレッソと絆が深い(相性のいい)ものを組み合わせた。コーヒー感を出すために、コーヒーの花から採れた蜂蜜を使用。ブラジル原産のパッションフルーツを使ったのは、豆の中にブラジル産が混ざっていたからだ。一方、ワールド・ラテ・アート大会に出品した「初恋」には、ローズのシロップなどが使われ、初めて恋をした女の子が男の子に渡される花束を表現した。もう一つ彼女の自信作が「夕焼け」。生のオレンジと炭酸で、夏の夕焼けをイメージさせる爽やかな一品だ。

「私のアレンジ作品では出会いがテーマになることが多いのですが、それは、エスプレッソを通して知り合った人たちに感謝の気持ちを伝えたいからです」

宮前作品がもつ説得力は、人間同士が交流する温かさに支えられている。

一期一会

ICHIGO ICHIE

世界第4位に輝いたエスプレッソを再現

お客様と接するときの気持ち「一期一会」。茶道に通じるこの思いは、茶器を使い表現。

一期一会のポイント

パッションフルーツは
できるだけ生のものを使った方が、
風味も強く甘くなりすぎない。
パッションフルーツの
旬の夏におすすめだ。

材料(一杯分)
エスプレッソ…30ml
和三盆…50g
ホイップクリーム…2g
キャラメルソース…2g
エスプレッソ・ソロ…30ml
パッションフルーツ(国産)…1個
みかんはちみつ…50g
牛乳…15ml
スティックキャンディー…1本

①フレッシュパッションフルーツをスプーンですくって鍋に入れる。②みかんはちみつを①に入れる。③②をかき回しながらひと煮立ちさせる。④③を漉してボウルにとっておく。⑤泡立てたエスプレッソと和三盆をボウルで混ぜる。⑥キャラメルホイップを⑤に入れる。⑦抽出したエスプレッソ・ソロを⑥に注ぐ。⑧茶筅でよくかきまぜる。⑨スチームドミルクを用意しておく。⑩グラスに④を4g注ぐ。⑪⑩に⑧を注ぐ。⑫スチームドミルクを注ぐ。

絆
KIZUNA

JBC ジャパンバリスタチャンピオンシップ 日本一を決めた作品

材料が多いメニューなので、完成したときの味のバランスの取り方でおいしさが決まる。

絆のポイント

材料のバランスを取るのが大切。また、
出来上がりの温度が低くなりがちなので、
フォームドミルクの温度はやや高めにスチームする。

材料(一杯分)
コーヒーはちみつ…3ml　ホイップクリーム…3g
キャラメルソース…2g　エスプレッソ…30ml
グラニュー糖…50g　パッションフルーツシロップ…10mg
エスプレッソ・ソロ…30ml
牛乳…15ml　トッピングシュガー…適量

①エスプレッソクリームのためのエスプレッソを抽出する。②③泡立て器を使いホイップクリームとキャラメルソースでキャラメルホイップを作る。④グラスにコーヒーはちみつを入れる。⑤その上に②を注ぐ。⑥①にグラニュー糖を加え、ボウルで泡立てたエスプレッソクリームを作り、そのうち5gを⑤の上に入れる。⑦パッションフルーツシロップを上から注ぐ。⑧エスプレッソ・ソロを抽出したら、⑦に注ぐ。⑨フォームドミルクを加えトッピングシュガーをのせる。

夕焼け

YUYAKE

2005年JBC 決勝で披露した作品

オレンジとエスプレッソの境界線は
水平線に沈んでいく夏の夕焼けをイメージ。

材料(一杯分)

オレンジの絞り汁…10ml
バニラシロップ…15ml　炭酸水…20ml
エスプレッソ・ソロ…30ml

①オレンジを半分に切り、スクイーザーで絞る。②絞ったオレンジは漉さずにそのままグラスへ注ぐ。③バニラシロップと炭酸水を②に注ぐ。④エスプレッソ・ソロを抽出する。⑤氷を入れたシェーカーに抽出したエスプレッソ・ソロを入れて振り、急速冷却する。⑥エスプレッソとオレンジジュースが混ざらないようにするため、マドラーをグラスに差し入れて、それに伝わせるように⑤を③に加え、きれいな層を残すようにする。

材料(一杯分)

ローズシロップ…5ml　ホワイトチョコレート…10g
エスプレッソ・ソロ…30ml　ホイップクリーム…10g　ローズペタル…3g
ホワイトチョコレート(トッピング用)…少々　スティッククッキー…1本

①ホイップクリームを作る。②ホワイトチョコレートを千切り状に刻む。③グラスにローズシロップを注ぐ。④刻んだホワイトチョコレートを③に加える。⑤抽出したエスプレッソ・ソロをホワイトチョコレートとローズシロップが混ざらないように静かに④に注ぐ。⑥ホイップクリームをグラスの縁から回すように⑤に盛りつける。⑦ローズペタルをパラパラと散らす。⑧ホワイトチョコレートを盛りつけスティッククッキーを飾る。

初恋

HATSUKOI

ワールド・ラテ・アート大会で4位に!

モチーフは恋こがれる男の子から送られる花束。
「女の子の初恋」をイメージしたメニュー。

酸、甘み、コク……etc. おいしいコーヒーは得点に厳密に表される！

マネ・アルベス×堀口俊英

アメリカ・スペシャルティコーヒー協会（SCAA）テクニカルスタンダード委員長

珈琲工房HORIGUCHI

誌上「カッピングテスト」実施

アメリカ・スペシャルティコーヒー協会（SCAA）
マネ・アルベスさん
（COFFEE LAB INTERNATIONAL）

日本にスペシャルティコーヒーの概念を浸透させた牽引者
堀口俊英さん
（珈琲工房HORIGUCHI）

スペシャルティコーヒーのエキスパートであるおふたりにカッピング方法とその愉しみ方を詳しく教えてもらった。

客観的なカッピングをして、豆の香りや味に得点をつける

様々な生産地の豆が混入したコーヒーと違い、トレーサビリティが明確な「スペシャルティコーヒー」は、産地の個性が強いのが最大の特徴である。

もちろん、ふつうに飲むだけでも充分おいしいのだが、カッピング（テイスティング）をすることで豆の個性を見極める愉しみもスペシャルティコーヒーにはある。とくにコーヒー通でなくても産地のキャラクターがはっきりとわかるものもあり、そうしたコーヒーと出会えたときは感動すら覚える。

今回、カッピングの愉しさとその方法をマネ・アルベスさんと堀口俊英さんに教えてもらうことにした。

「たとえばブルゴーニュのワインの個性がはっきりしているように、スペシャルティコーヒーもカッピングでその豆特有の香りや酸味、ボディといった味わいを判定できます」（堀口さん）

「そのコーヒーの特徴を表現できる言葉が多ければ多いほど複雑な特徴があり、いい豆だといえます。コーヒーが好きで、もっとコーヒーを知りたい人はぜひカッピングを覚え、よりコーヒーを深く愉しんでください」（マネさん）

ではどのようにカッピングするのか、具体的にアドバイスしてもらおう。

マネ・アルベス
1956年リスボン生まれ。93年にバーモントに「COFFEE LAB INTERNATIONAL」を設立、04年に焙煎工房を開業。06年にSCAA（アメリカスペシャルティコーヒー協会）テクニカルスタンダード委員長に就任。

ほりぐちとしひで
1948年東京生まれ。「珈琲工房HORIGUCHI」の代表取締役。90年に喫茶店を開業。02年に堀口珈琲研究所を設立。09年、代々木上原に新店舗を開店。豆の小売り・卸売りの他、コンサルティング業を行なっている。

SCAAのスペシャルティコーヒーの位置づけ

 取材・文／中島茂信　撮影／村林千賀子

焙煎し、挽いた豆を評価する「カッピング」を覚えてコーヒーをさらに深く愉しむ

コーヒーを客観的に評価するカッピングをマスターしよう。豆の個性や特性を見極める技能を習得することで、コーヒーをより深く理解でき、愉しみ方も広がっていく。

SCAA「カッピング」評価用紙

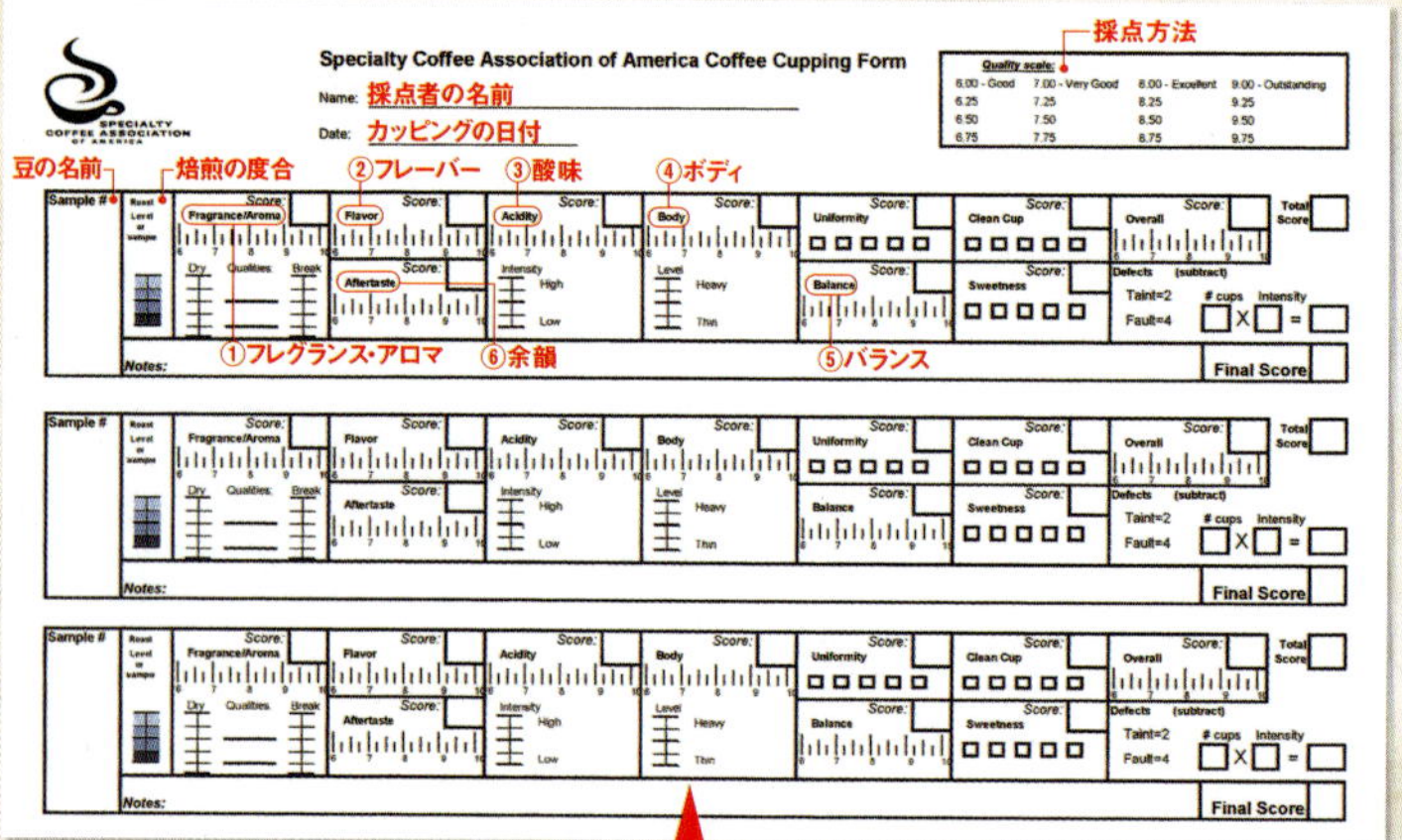

コーヒー豆の評価の主なポイント!

1 フレグランス・アロマ(香り) Fragrance/Aroma

粉の状態のフレグランスと液体の状態のアロマ、この両方の香りを評価。香りの種類(スパイスのような、花のような、などと表現)を含めた質と強弱から見る。

2 フレーバー(風味) Flavor

味と香りを総合した印象のこと。その豆ならではの二次的な個性を判定する。キャラメルのような、チョコレートのようなな、食べ物にたとえて表現することが多い。

3 酸味 Acidity

コーヒーにとって一番重要なのが酸味だ。よい酸味はすっきり感があり、デリケートな味や甘味を際立たせる。果実のような、ヨーグルトのようななどと表現する。

4 ボディ(コクや口あたり) Body

コク、あるいは口あたりとも言われる。味の種類というよりも飲んだ後、口の中に感じる濃度や粘りを評価する。クリームのような、豊かな、水っぽいなどの表現がある。

5 バランス Balance

フレーバー、酸味、ボディの間の相対的関係を分析する。酸とボディのバランスが悪い、調和がとれている、ハーモニーのとれたというような表現をすることが多い。

6 余韻 Aftertaste

コーヒーを飲み終わった後、舌全体、あるいは鼻腔に残る余韻を評価する。長く続く、まろやか、フレッシュな、甘い、すぐ消えるなどと表現する場合が多い。

採点の仕方

SCAAの評価用紙はスペシャルティコーヒー用で評価項目の目盛は6点から始まる。細かく評価するために0.25ポイント刻みで点をつけ、合計点を出す。

その他

採点者の主観を反映できるオーバーオールやクリーンカップ(香味のクリーンさ)、ユニフォーミティ(品質の均質性)、スイートネス(一定の甘さがあること)なども加味。

SCAAのカッピングに準じた評価方法と評価基準を学ぼう

「コーヒーに含まれる香り、ボディ、酸味、アフターテイストなどを判定するのがカッピングです」(マネさん)

カッピングする豆は同じ段階に焙煎し、ペーパードリップ用よりもわずかに粗めに挽いた粉を5カップ分準備する。同じサンプルを5つ用意するのは、品質にバラつきがないかチェックするためである。

カッピングでは「フレグランス」と「アロマ」、このふたつの香りをまずジャッジする。「フレグランス」はカップに入れた粉の状態の香りで、「アロマ」は熱湯を注いだ後のコーヒーの香りをいう。

注湯から3~5分後、カップの表面に浮いた粉や泡をスプーンで崩す。これを「ブレイク」と呼び、この瞬間、炭酸ガスと共に放たれるアロマも確認する。

表面に残った泡をスプーンで取り除いた後、スプーンですくったコーヒーを勢い良く吸い込み、口の中全体に広がる、そのコーヒーが持つ味と香りを見立てる。

このようにコーヒーを客観的かつ総合的に評価するのがカッピングだ。ワインではあたり前になったテイスティングが、コーヒーでは専門家を除きほとんど行われてこなかったと堀口さんは指摘する。

「コーヒーの味と香りを客観的に評価するカッピングを覚えると、コーヒーをもっと深く愉しむことができます。ぜひ上質なコーヒーでやってみてください。コーヒー観が広がります」

自宅にあるものでできる！
カッピングの道具

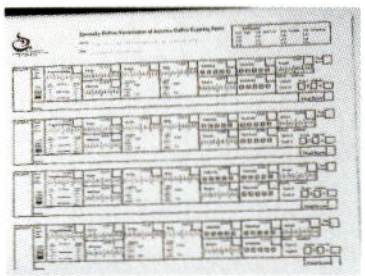

採点用紙
残念ながら市販の採点用紙はない。初心者は右ページのSCAAの採点用紙を参考にして、自分で日本語版を作ってみてはどうだろう。

ボウル
カッピングしたコーヒーは飲み込んでもいいが、複数のサンプルをカッピングする場合は、はき出すためのボウルを用意しよう。

スプーン
細長いものよりも丸い形状のほうがカップに入れやすく、コーヒーを吸い込みやすい。別のカップをカッピングする前に水ですすぐ。

グラス
カッピング用のカップを5つ用意する。陶器でもガラス製のグラスでもいいが、きれいに洗い、においが残っていないものに限る。

カッピングの仕方

ではどのようにカッピングするのか、マネさんに見本を見せてもらった。今回は座ってやってもらったが、実際は複数のサンプルをカッピングするため、立って行なうことも。

1 計量した豆を挽き、カップに入れる

1カップ分ずつ計量した豆（水150mlに対し、豆8.25ｇ）をカッピング直前にペーパードリップよりもわずかに粗めに挽く。同じ豆を5つのカップに入れ、並べておく。

2 挽いた豆の香りを嗅ぐ

カップを振り、豆に含まれる炭酸ガスと共に放出される香りを嗅ぐ。熱湯を注ぐ前のこの香りがフレグランス。5つすべてのグラスのフレグランスを嗅ぎ、スコア（得点）をつける。

3 熱湯を注いだら3～5分で抽出

グラスに適量の熱湯（92～96度）を注ぐ。熱湯がしみ込むにつれ、粉が沈み始める。抽出に最適な時間といわれる3～5分間待つ。この間のアロマも確認しよう。

4 3～5分経った後の状態の香りを嗅ぐ

まずは、そのまま

スプーンですくって内側の香りをチェック

3～5分経ったら、スプーンで表面の粉を崩す。この瞬間、粉の下に閉じこめられていた炭酸ガスが一気に放出するので、そのアロマもチェックする。

5 粉を除いてから味わいをチェック

POINT！
空気を勢いよく吸い込みながら一気にすする

表面の泡（アクや油脂分）をスプーンで取り除く。スプーンですくったコーヒーを、蕎麦をすする感覚で口の中全体に広げるように素早く吸い込み、味と香りを見る。

6 採点する

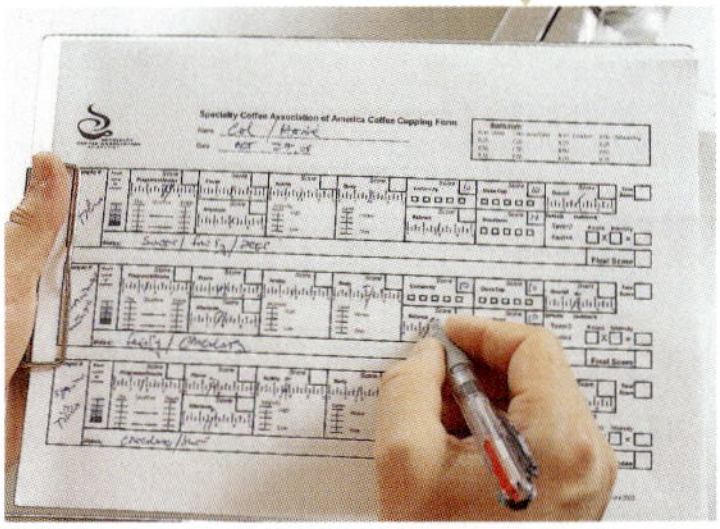

採点用紙（右上）に従い、それぞれスコアをつけていく。スコアが高いほうがおいしいコーヒーである可能性が高く、産地の個性が強いコーヒーは高いスコアがつく。

味わいは、こう評価される！最高級の豆の産地別にカッピング

中米やアジアなど、5つの地域で取れたスペシャルティコーヒーをふたりにそれぞれ3種類ずつカッピングをしてもらった。香りや味などをどのように表現し、どう評価するのか参考にしたい。

ブラジル

エリアを問わず土の香り、品種、精製方法がさまざまで、多様な香味。

ブラジル

「サンパウロ農園」

08-09年産

1:スルデミナス
2:ブルボン種
3:パルプドナチュラル

判定:TOTAL

●マネ:82.0点
（香り7.75点、風味7.25点、酸味7.5点、ボディ7.5点、バランス7.25点、余韻7.5点、そのほかの合計37.25点）

コメント ブラジルらしさがありながら、新しい特徴も秘めている。

●堀口:82.0点
（香り7.5点、風味7.5点、酸味7.5点、ボディ7.5点、バランス7.5点、余韻7.0点、そのほかの合計37.5点）

コメント ブラジル産の豆に共通するホコリっぽさと土の香りを感じる。

ブラジル

「NS カルモ農園」

07-08年産

1:カルモデミナス
2:ブルボン種
3:パルプドナチュラル

判定:TOTAL

●マネ:87.75点
（香り8.25点、風味8.25点、酸味8.25点、ボディ8.5点、バランス8.0点、余韻8.25点、そのほかの合計38.25点）

コメント ナッツの香りに加え、ブラジル産には珍しい果物の香りもする。

●堀口:87.75点
（香り8.5点、風味8.25点、酸味8.0点、ボディ8.25点、バランス8.0点、余韻8.5点、そのほかの合計38.25点）

コメント ブラジルらしくない。端境期の豆だが、圧倒的な力強さがある。

ブラジル

「ダテラ農園」

07-08年産

1:セラード
2:ブルボン種
3:セミウォッシュド

判定:TOTAL

●マネ:84.5点
（香り7.75点、風味7.75点、酸味7.75点、ボディ8.0点、バランス7.75点、余韻7.75点、そのほかの合計37.75点）

コメント 収穫から時間が経ち、香り、酸味共にピークが過ぎてしまった。

●堀口:81.75点
（香り7.5点、風味7.5点、酸味7.25点、ボディ7.5点、バランス7.25点、余韻7.25点、そのほかの合計37.5点）

コメント ブラジルらしい味。端境期の豆なので香りが少し落ちている。

中米

国によりボディと酸の強弱や質の違いが見られる。

グアテマラ

「サンタカタリーナ農園」

07-08年産

1:アンティグア
2:ブルボン種
3:ウォッシュド

判定:TOTAL

●マネ:87.5点
（香り8.0点、風味8.25点、酸味8.25点、ボディ8.25点、バランス8.25点、余韻8.25点、そのほかの合計38.25点）

コメント チョコレートやスモーキーな香り。なめし革のにおいもする。

●堀口:85.5点
（香り8.0点、風味7.75点、酸味8.0点、ボディ8.0点、バランス7.75点、余韻8.0点、そのほかの合計38.0点）

コメント ボディが濃厚で複雑。華やかでフルーツっぽい酸がある。

グアテマラ

「サント・トーマス・パチュージェ農園」

07-08年産

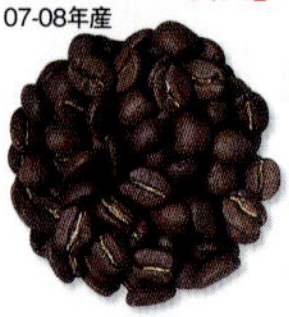

1:アティトラン
2:ブルボン種
3:ウォッシュド

判定:TOTAL

●マネ:88.5点
（香り8.0点、風味8.5点、酸味8.5点、ボディ8.5点、バランス8.25点、余韻8.5点、そのほかの合計38.25点）

コメント ボディが弱い。フルーツ感覚の香り。総合的には意外と良かった。

●堀口:84.5点
（香り7.5点、風味7.75点、酸味7.75点、ボディ7.75点、バランス8.00点、余韻7.75点、そのほかの合計38.0点）

コメント ボディが弱いが、意外に良い。今年の豆は華やかな酸があった。

パナマ

「エスメラルダ農園」

07-08年産

1:ボケテ
2:ゲイシャ種
3:ウォッシュド

判定:TOTAL

●マネ:95.75点
（香り10点、風味9.25点、酸味9.0点、ボディ9.25点、バランス9.5点、余韻9.25点、そのほかの合計39.5点）

コメント この農園のゲイシャ種はもっとも香りがいいコーヒーのひとつ。

●堀口:92.5点
（香り9.0点、風味9.0点、酸味9.0点、ボディ8.75点、バランス8.75点、余韻9.0点、そのほかの合計39.0点）

コメント 他のエリアでもゲイシャ種を栽培しているが、ここの農園が最高。

2008.10.27
一個人「カッピング」テスト
カッパー／マネ・アルベス
堀口俊英

採点表の見方

P40で解説したSCAA評価基準でカッピングを行った結果の、各項目の得点と総得点、マネさんと堀口さんのそれぞれのコメントを記す。豆の写真の上は、生産国と農園・あるいは地域。豆の写真の下は1:産地、2:豆の品種、3:精製法を表す。

さまざまな産地の豆をカッピングしてコーヒーの個性を知る

では、実際どのような評価をするのか、中米、ブラジル、コロンビア、アジア、東アフリカ、計5つの地域の中からそれぞれ3種類ずつサンプルとなる最高級の豆をSCAAの評価基準に沿って、二人にカッピングしてもらった。

その結果が上記の表だが、ここでは二人が語ってくれた各地域ごとの豆の特徴を紹介しよう。

まずは中米だが、「この地域の国ごとの違いを挙げるのは難しいが」とした上でマネさんが特徴を語ってくれた。

「グアテマラは酸が明確でチョコレートの香りが強いといえます。その次に特徴が顕著なのがエルサルバドルです。内戦の影響でコーヒーの植え替えが進まず、在来種のブルボン種が残っています。その個性であるチョコレートの香りがするのがエルサルバドルの特徴です」

コロンビアは小農家が多く、生産量が少ないことから、混ぜたものを輸出する傾向が強い。そのためキャラクターが明確でなく、しかもエリアが広いことから地域的な格差もある。

「アジア屈指の産地はスマトラです。日本では戦前からスマトラ産が愛飲されてきました。品種が改良されていますが、在来種のほうが個性が際立っていると思います」（堀口さん）

「反対に東アフリカでは比較的古い品種や在来種が残っており、品種による味の

東アフリカ

在来種や古い品種が残っているため、個性が明確。

エチオピア「イルガチェフェ」

07-08年産

1:イルガチェフェ
2:多種混合
3:ウォッシュド

判定:TOTAL

●マネ:88.0点
（香り8.5点、風味8.25点、酸味7.75点、ボディ8.5点、バランス8.5点、余韻8.25点、そのほかの合計38.25点）

コメント レモンの香りやドライフルーツの香り。ヒマラヤ杉の香りもする。

●堀口:86.25点
（香り8.0点、風味8.0点、酸味8.0点、ボディ8.0点、バランス8.0点、余韻8.25点、そのほかの合計38.0点）

コメント 酸がきちんとあり、ピーチやチェリーのような香りが感じられる。

エチオピア「イルガチェフェ」

07-08年産

1:イルガチェフェ
2:多種混合
3:ナチュラル

判定:TOTAL

●マネ:88.75点
（香り8.75点、風味8.5点、酸味8.25点、ボディ8.25点、バランス8.25点、余韻8.5点、そのほかの合計38.25点）

コメント いい状態でなかったのか、この産地の特徴が感じられない。

●堀口:87.5点
（香り8.25点、風味8.25点、酸味8.25点、ボディ8.25点、バランス8.0点、余韻8.25点、そのほかの合計38.25点）

コメント かすかに桃のようなアフターテイストがある。

ケニア「ワンゴ農園」

07-08年産

1:ティカ
2:SL種
3:ウォッシュド

判定:TOTAL

●マネ:92.75点
（香り9.0点、風味9.0点、酸味9.0点、ボディ8.75点、バランス9.0点、余韻9.0点、そのほかの合計39.0点）

コメント この地域の中でベスト。できのいいコーヒー。

●堀口:89.0点
（香り8.25点、風味8.5点、酸味8.5点、ボディ8.5点、バランス8.25点、余韻8.5点、そのほかの合計38.5点）

コメント アンズジャムの香りがする。酸が強く、ケニアらしいコーヒー。

アジア

インドネシアのスマトラがアジア屈指の生産量を誇る。

インドネシア「リントン」

07-08年産

1:スマトラ
2:ティピカ種
3:スマトラ式

判定:TOTAL

●マネ:87.25点
（香り8.0点、風味8.0点、酸味7.75点、ボディ8.75点、バランス8.5点、余韻8.0点、そのほかの合計38.25点）

コメント 土の香り、木の匂い、シロップのようなとろりとした触感がある。

●堀口:90.0点
（香り8.5点、風味8.5点、酸味8.5点、ボディ8.5点、バランス8.5点、余韻8.75点、そのほかの合計38.75点）

コメント 舌触りが滑らか。なめし革、フルーツの香りなど、特徴が複雑。

インドネシア「アチェ」

07-08年産

1:スマトラ・アチェ
2:ティピカ＋カチモール種
3:ウォッシュド

判定:TOTAL

●マネ:82.25点
（香り7.5点、風味7.5点、酸味7.5点、ボディ7.75点、バランス7.25点、余韻7.5点、そのほかの合計37.25点）

コメント 甘味があり、土の香りがするが、リントンと比べると香りが弱い。

●堀口:82.0点
（香り7.25点、風味7.5点、酸味7.5点、ボディ7.75点、バランス7.25点、余韻7.5点、そのほかの合計37.25点）

コメント キャラクターが感じられず、リントンよりも劣っている。

パプアニューギニア「シグリ農園」

07-08年産

1:マウントハーゲン
2:ティピカ種
3:ウォッシュド

判定:TOTAL

●マネ:82.5点
（香り7.5点、風味7.5点、酸味7.25点、ボディ7.75点、バランス7.5点、余韻7.5点、そのほかの合計37.5点）

コメント かすかに土のにおいがするが、それ以外に主立った特徴がない。

●堀口:82.25点
（香り7.5点、風味7.5点、酸味7.25点、ボディ7.5点、バランス7.5点、余韻7.5点、そのほかの合計37.5点）

コメント カップがきれいで、酸とボディのバランスが良く、マイルド。

コロンビア

地域、品種による味の違いが大きく味は多様化。

コロンビア「トリマ」

07-08年産

1:トリマ
2:混合
3:ウォッシュド

判定:TOTAL

●マネ:86.75点
（香り8.5点、風味8.0点、酸味8.0点、ボディ8.0点、バランス8.0点、余韻8.25点、そのほかの合計38.0点）

コメント 甘くてフルーティで、深みのある重層的な香りがある。

●堀口:88.75点
（香り8.5点、風味8.0点、酸味8.5点、ボディ8.5点、バランス8.5点、余韻8.25点、そのほかの合計38.5点）

コメント フルーティでボディがある。コロンビアでは極めて珍しい味。

コロンビア「メサデロスサントス農園」

08-09年度
プレシップサンプル

1:サンタンデール
2:ブルボン種
3:ウォッシュド

判定:TOTAL

●マネ:83.5点
（香り7.5点、風味7.5点、酸味7.75点、ボディ7.75点、バランス7.5点、余韻7.75点、そのほかの合計37.75点）

コメント フルーティかつチョコレートの香り。冷めると味が劣化する。

●堀口:81.25点
（香り7.25点、風味7.25点、酸味7.5点、ボディ7.25点、バランス7.25点、余韻7.2 5点、そのほかの合計37.5点）

コメント 発酵させすぎのような気がする。少し濁りがある。草っぽい香り。

コロンビア「メサデロスサントス農園」

08-09年産

1:サンタンデール
2:ティピカ種
3:ウォッシュド

判定:TOTAL

●マネ:83点
（香り7.75点、風味7.5点、酸味7.5点、ボディ7.75点、バランス7.5点、余韻7.5点、そのほかの合計37.5点）

コメント クリーンで、ボディがあり、チョコレートの香りがする。

●堀口:82.0点
（香り7.5点、風味7.5点、酸味7.5点、ボディ7.25点、バランス7.2 5点、余韻7.5点、そのほかの合計37.5点）

コメント 香り、酸、ボディ、バランスなど、すべてにおいて特徴が弱い。

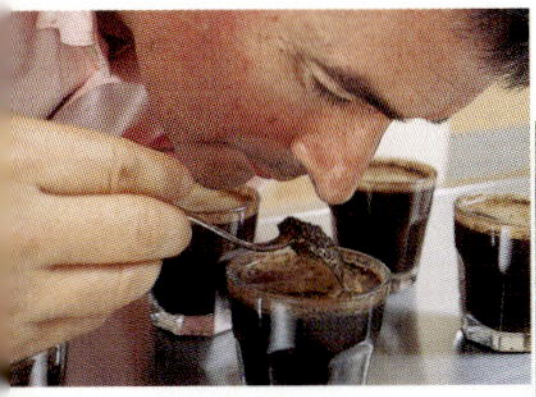

「カッピングはプロだけのものではありません。より知識を深めてください」とマネさん。

＊注意　この結果はあくまでも雑誌の企画における採点結果でSCAAの判定ではありません。

「いい豆を扱う店でいい豆を買い、本物の味と親しみ、理解してください」と堀口さん。

違いが明確なのがこの地域の特徴となっています」（マネさん）

　最後になったが、ブラジルはどうか。国土が広大なこの国では豆にも多様性があり、エリアごとに個性が異なる。

「とはいえ共通した特徴もあります。地域を問わず土の香りがします。ところが、中には今回サンプルに選んだNSカルモ農園のように一般的なブラジルとは異なる個性があるものもあります。飲んだ経験がないカッパー（採点者）は、ブラジル産だとわからないはずです」（堀口さん）

　カッピングを行なう際、もっとも必要なのが、カッパーとしての経験値だと堀口さんもマネさんも力説する。

　ぜひ我々コーヒー好きも、いろいろな産地のコーヒーをカッピングし、経験値を高めるよう努力したいものだ。

SCAAテクニカルスタンダード委員長 マネ・アルベス×堀口俊英 珈琲工房HORIGUCHI

さらに進化する！スペシャルティコーヒー最新事情

スペシャルティコーヒーという言葉が登場して30余年。生産と評価の両面でさらに進化しつつある、スペシャルティコーヒーの今後について伺った。

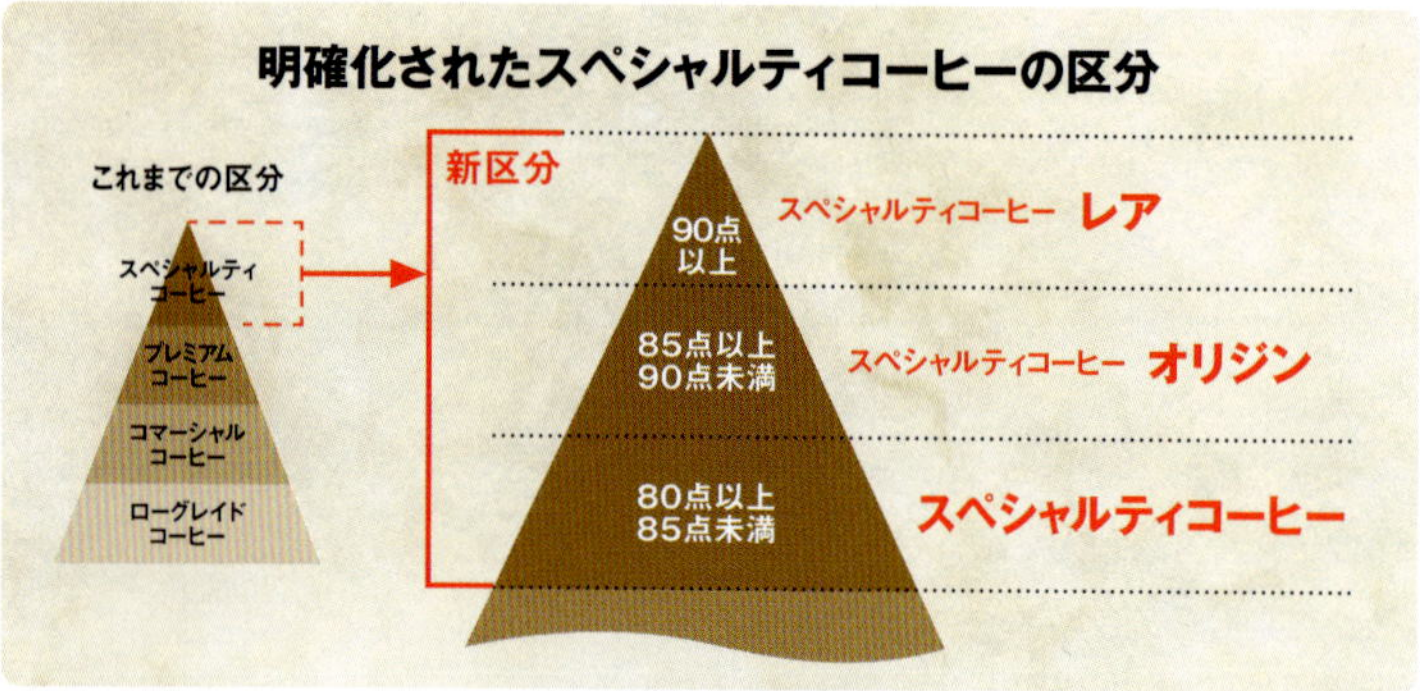

この表は2008年10月時点のものです。現在は新たに検討中です。

SCAA方式の評価に新区分が加わり、厳密化された

マネさん（以下、M）「先ほど様々な地域のスペシャルティコーヒーをカッピングしましたが、スコアが82点のものもあれば90点近いものもありました」

堀口さん（以下、H）「ひと口にスペシャルティコーヒーと言ってもピンキリで、スコアが80点と90点のものでは味も価格もまったく違います」

M「どのようなコーヒーに80点あるいは90点の評価を与えるべきなのか、SCAAでは06年頃から検討を重ねてきました。昨春、堀口さんからスペシャルティコーヒーをより厳密に分類すべきではないかという提案もあり、新区分を設けることを決定しました」

H「それが『スペシャルティコーヒー・オリジン』と『スペシャルティコーヒー・レア』ですね」

M「そうです。スペシャルティコーヒーの中でも85点以上の点数を与えられるものは、産地の特徴が明確に出ているものとし、スペシャルティコーヒー・オリジンと名付けました。さらにその上にスペシャルティコーヒー・レアという新区分を設定することにしました。キャラクターが明確で、希少性も高く、生産地が農園レベルのピンポイントで特定できるものをスペシャルティコーヒー・レアとし、スコアは90点以上となります」

H「スコアが85点のラインと90点のラインの違いを明確にするためにもふたつの新区分を大いに歓迎します」

M「今日カッピングした中にも、たとえばケニア、エチオピア、エスメラルダ農園など、90点をとれそうなものがたくさんありました」

H「詳しくない人でも味の違いがはっきりとわかるものがあります。スペシャルティコーヒー・オリジン以上であれば、経験がなくてもコーヒーのキャラクターを明確に感じることができるはずです」

M「もっと深くコーヒーを知りたければ、一般の人も堀口さんが主催するコーヒー教室に参加することをおすすめします」

H「ご推薦ありがとうございます（笑）。マネさんが言うように、カッピングはプロだけのものではありません。コーヒーをもっと普及させるためにも、カッピングによる評価方法を読者に知ってもらう必要があります。いろいろな種類のコーヒーを飲み、それに対する標準的な点数をつける訓練をしてほしいと思っています」

M「一方、プロは世界的なコンセンサスをとっておかなければ、世界共通のカッピングができません。それには経験も必要です」

H「たとえば、今日カッピングしたケニアのワンゴ農園の豆には90点近く付けないと相対的に他のものの点数が低くなります。ブラジルらしくないNSカルモ農園の豆に高得点をつけることができなければ、カッパーにスキルがないと言われてもしかたがないと思います」

いま、マネさんが注目する農園と産地を教えてもらった

H「今後もっといいコーヒーが出てくればまた新しい概念を作り、修正しなけれ

ばならない可能性もあります。しかし、今後95点以上のコーヒーが出てくる可能性は極めて少ないと私は思っています。時々いい豆が出てくることもありますが、毎年同じものが継続して出てこないと評価できません。そのためにも生産者は生産方法の研究と確立をし、毎年同じレベルの豆を生産できる技術をレベルアップしてほしいものです」

M「私個人としては、既に発見されたスペシャルティコーヒーにはあまり興味がありません。まだ知られていない、90点以上の素晴らしいコーヒーを発見するのが私の喜びです。私は銃を必要としないコーヒー・ハンターなんです（笑）」

H「いま、東アフリカであれば、ケニアとエチオピア、ルワンダが世界的に注目されています。マネーさんが個人的に気に入っている農園や産地があれば教えていただけないでしょうか」

M「東アフリカの中では、ケニアとエチオピアが好きです。ケニアのニエリという地域にあるカンゴチョ農協の豆が2008年はよかったです。エチオピアは、一作年イルガチェフェ農協の豆を買いました」

H「中米ではどこがおすすめですか」

M「もっとも気に入っているはグアテマラです。その中でもエルインヘルト農園に注目しています。先ほどカッピングしたエスメラルダ農園もいいのですが、ユニークすぎて中米らしさに欠けます。地域の特徴を重視する私としては、エスメラルダ農園は好みません」

H「ではブラジルはどうですか」

M「マンチケーラ山脈にあるセラジマンチケーラが良かったです。アジアはスマトラのタケンゴンという地域にあるレイクタワーというブランドが気に入っています。コロンビアは南部にあるカリには在来種がまだ残っているし、ブカラマンガという地域の豆はいいです」

H「読者の方も何を飲むべきか、自分で判断できるようになってほしいですね」

上はケニアのコーヒー農園。下はエチオピアのイルガチェフェという地域の女性たち。ケニア、エチオピアは共にスペシャルティコーヒーの産地として注目される。
写真提供／珈琲工房HORIGUCHI

マネ・アルベスさん お気に入りの農園・産地

コーヒー・ハンターのマネさんが自分の足で探した、あるいは実際に飲んでみた中で舌を唸らせた農園と産地を公開する。日本に入ってきているものも、ないものもある。

- グアテマラのエルインヘルト農園
- ブラジル・セラジマンチケーラ地域
- コロンビア・ブカラマンガ地域
- ケニア・ニエリ地域のカンゴチョ農協
- スマトラ・タケンゴンのレイクタワー

コーヒー名店のカリスマ4人が教える!

世界一おいしい コーヒーの淹れ方

自宅でカフェの味わいを再現できる

上質のコーヒー豆の選び方から、〝カフェの味わい〟を出すための手順や抽出法まで、名店のカリスマが、その極意を伝授。上級テクニックをマスターして、自宅でもカフェのような本格的な味わいを楽しもう。

©orion/amanaimages

step 1

コーヒー豆の九大銘柄を押さえる

パプアニューギニア
ジグリ農園

上質なマイルドタイプの豆が採れる生産地。ジグリ農園は同国最大の規模を誇る。完熟した実を摘み、天日干しで仕上げる豆は、まろやかな甘みとコク、酸味が絶妙のバランス。

ドミニカ
ムエボムンド農園

急斜面の山岳地帯で、良質なコーヒー豆が栽培される。なかでも中央高原エリアのヌエボムンド農園で栽培される豆は、華やかな酸のなかにも甘みを持ったマイルドな飲み心地。

ブラジル
N.S.カルモ農園

ブラジルは生産・輸出量ともに世界一。味も多様だが、標高が高いカルモデミナス地方のカルモ農園は、マイルドで上品な香味を生み出す農園のひとつ。ほどよい酸と甘みを持つ。

イエメン
ハラジ

「トレーサビリティのあいまいなイエメンにあって、この豆はハラジ地方産で、産地の特定できる珍しい豆。果実やスパイスなど複雑な香味が特徴。生豆の鮮度もいい」

ケニア
ワンゴ農園

ケニアは世界有数のコーヒーの産地。なかでもワンゴ農園は、世界トップレベルの豆が収穫される。熟した果実のような甘みと酸味、しっかりとしたコクが際立つ。

コロンビア
トレド

"コロンビアマイルド"と呼ばれるが、品種改良が進み、味わいは多様になった。トレド地区はティピカ種が多く残り、柑橘の酸とコクのバランスがよいコーヒーを生み出す。

インドネシア
スマトラマンデリン

「スマトラ島で栽培されるマンデリンは、インドネシアを代表するコーヒー。滑らかな舌ざわり。ハーブやスパイスに果実の香味が混ざる。小農家の栽培する豆」

エチオピア
ミスティバレー

日本で馴染み深いコーヒー生産地。なかでも完熟の実だけを用いたミスティバレーの豆は、赤ワインのような香味とフルーツ、スパイスなど様々なニュアンスを持つ同国の最高峰。

ガテマラ
カルモナ農園

「8つの産地のあるガテマラのなかでも有料産地として知られるアンティグア地方の農園。標高が高く、寒暖の差があり、華やかな酸と明確なコクを生み出す」

トレーサビリティが浸透
品質が階層化される傾向に

従来のコーヒー豆は、いくつもの生産地の豆が混ざった状態で輸出されていた。だが近年、どこの産地で誰がつくったのか明確にするトレーサビリティ（生産や流通の履歴）の重要性が、各国で認知されるようになってきた。

「誰が、どんな風土で栽培し、精製したか、その背景が明確になり、産地の個性が現れるようになった」

と話すのは、業界の急先鋒でコーヒーの研究家でもある「珈琲工房HORIGUCHI」代表の堀口俊英さん。

これまでは、ひとつの国のさまざまな地域の豆がブレンドされていたので、個性がないコーヒーにならざるを得なかった。しかし、トレーサビリティが明確になることで、同じ国のなかでも地域や農園ごとに異なる味わいや個性が楽しめるようになってきたのだ。

そこで堀口さんが、近年その品質の良さで注目される9農園（上段参照）のコーヒーを推薦してくれた。

「コーヒー大国ブラジルにあって、小さな農園ながらマイルドで上品な香味のコーヒー豆を生み出すブラジルのN・S・カルモ農園をはじめ、農園の規模にかかわらず、本当においしいコーヒーを日本で案内できるようになったのは嬉しいこと。個性豊かなコーヒーを飲み比べて、好みの銘柄を見つけていただきたいですね」（堀口さん）

step 2

コーヒー豆の良し悪しの読み方

1 パッケージの表示を読む

農園名
豆を栽培した農園名が入る。この場合は、ブランド名。
生産地
栽培された地方のこと。イルガチェフェが地方名。
生産年
いつ生産された豆なのかを示している。ここでは2008年。
生産者氏名
コーヒー豆を栽培している人の氏名を明記してある
生産国名
栽培された国名。ここではエチオピア。

2 スクリーンナンバーで豆のサイズを確認

	スクリーンナンバー	豆の大きさ
	15 (6mm)	中
	16 (6.5mm)	普通
	17 (6.75mm)	準大
	18 (7mm)	大
	19 (7.5~8mm)	特大

スクリーンナンバーとは生豆の大きさのこと。一般的に、豆の粒が大きいほど、欠点豆が含まれる率が少なく、質が高いとされる。写真は、原寸大。

3 欠点豆の有無

黒豆

発酵豆で異臭が出る。生豆の状態では黒ずんでいるのですぐわかるが、ローストするとわかりにくい。

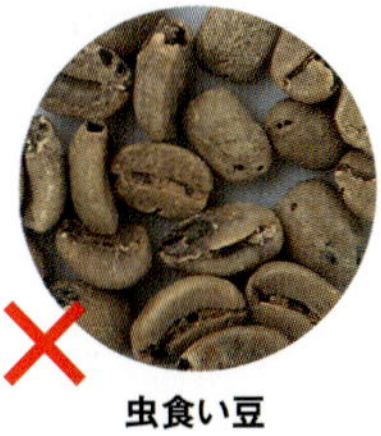

虫食い豆

虫食いは、豆に小さな穴が開いているのでわかる。味はもちろん、汚れや濁りの原因に。

4 生豆の色でも判断できる

グリーン

摘みたてのフレッシュな生豆は、淡い緑色。この色が鮮度の良さを見極める決め手だ。

イエロー

鮮度が落ちると、緑色から黄色へと劣化する。鮮度の落ちた豆は枯れた味わいに。

ラベルには豆の大きさや欠点豆の混入率が表示される

コーヒーのラベルに生産国が記されていることは知っていても、そのほかに何が記されてどんな意味を表すのかまで知っている人は少ないだろう。コーヒーの格付け表示には、国際的に共通したものはなく、生産国がそれぞれの基準で行っている。国によってラベルに表示される事柄もさまざまだが、そのコーヒー豆に関するさまざまな情報が表示されている。

「スクリーンナンバーとは、生豆の大きさを表す数値で、スクリーン15、16は小さめで、スクリーン17、18は大きめな豆を意味します。一般的には、粒が大きい方が欠点豆の混入は減ります」(堀口さん)

また、欠点豆の混入は、ブラジルの場合NO．2が少なく、エチオピアやマンデリンの場合はG．1（グレードワン）が最も少ないことを意味する、NO．4やG．4など数値が大きいほど欠点の混入が多くなる。

こうしたラベル表記に加えて、「日本でもトレーサビリティが明確に記入されるようになれば、安心して豆選びができるようになるはず」と堀口さん。

「当店では、ワインのラベルのように生産国はもちろん、生産地や農園名、生産者名といったトレーサビリティの情報をオリジナルのラベル(右上のラベル参照)に表示しています。今後はトレーサビリティを表示したコーヒー豆の販売が広がっていくでしょうね」

焙煎時に重要なのは豆の外側だけでなく、中まで均一に火を通すこと。釜に入れた生豆はやがて芳しい香りと濃い色を帯びてくる。15分前後で釜から出し、撹拌しながら熱を取る。焙煎後、焦げ付いたり割れた豆を取り除く。

step 3

焙煎が味わい・個性を決める

深煎り

200度を越えたあたりで釜から出す。2度目のハゼ以降のロースト。酸が減少し、苦味が強くなる。かなりローストの幅があり、油脂もにじむ。

フルシティー

やや深煎りの段階で、色は濃いチョコレート色。酸味が弱く、しっかりとしたコク、苦みに。アイスコーヒーにはこのタイプ以上を。

フレンチ

やや黒っぽくなり、表面に脂肪分が浮き出てくる。苦みが強くなり、重みのある味わいに。ミルクなどを入れて飲むとちょうどいい。

イタリアン

最も深いロースト。色は黒く、表面に油膜ができる。苦みや芳ばしい香りが強くなり、刺激的な味わいが舌に残る。

中煎り

200度前後で釜から出す。1度目のハゼが終了し、2度目のハゼの手前あたりまでのロースト。酸とコクのバランスがよい。

ミディアム

中煎りの段階では豆は栗色に。ミディアムは酸味に加えてほのかな苦みが加わる。口当たりが柔らかく、まろやかな酸味を持つ。

ハイ

やや深めの中煎りで、日本で最もポピュラーなローストといわれる。酸味が抑えられ、苦みと甘みのバランスがよい。

シティ

ハイとともに、家庭や喫茶店などで人気のあるロースト。ほのかな酸味が残るものの、よりコクや苦みが感じられるようになる。

浅煎り

大まかには200度弱で釜から出す。1度目のハゼ（炭酸ガスが豆から出るときの音）の途中程度のロースト。薄い茶色で酸味が強い。

ライト

最も浅い煎り具合。黄色がかった小麦色で、コクや香り、苦みはほとんどなく、飲むのには適さない。主にテスト用などに用いられる。

シナモン

シナモンの色に似ていることからこう呼ばれる。酸味が強く、コクや苦みはない。ライトに比べると、微量の香りが感じられる。

コーヒーの成分は熱が加えられると変質し、味わいや香り、コクなども変化していく。浅い煎りほど酸味が強く、深く煎るに従って苦みが増していく。中間に当たる中煎りは酸味、苦みのバランスがよいといわれる。

ローストには8タイプがあり それぞれ酸味や苦みが異なる

焙煎（ロースト）とは、コーヒーの生豆を煎ること。生豆の状態ではコーヒーの味も香りもなく、焙煎することではじめて特有の芳香（アロマ）や味わいが生まれる。それだけに、コーヒー豆にとって焙煎は重要な意味を持つ。

「質のよい生豆を入手し、その上で焙煎によって豆の特性を最大限に引き出すのが大切なんです」（堀口さん）

焙煎の原理は非常にシンプル。加熱によって豆の成分に化学変化を引き起こすことにある。

加熱時間が短い浅煎り程度までは、化学変化による酸の総量が増えていき、酸味の強いコーヒー豆に。逆に加熱時間が長い深煎りは、豆の糖質のカラメル化が進んで苦みが強くなる。

焙煎の度合いによって8つのタイプ（上段参照）に分けられ、それぞれ香りや味わいが異なるという。

「10年前はミディアムが主流でしたが、最近はハイやシティなどのローストを好む方が増えてきました。これらをペーパードリップで飲まれる方が多く見られます。又、フレンチローストの愛好家も増加しています。ミルクを加えるアレンジコーヒーやエスプレッソなども普及してきました」（堀口さん）

このように、焙煎度合いによって適した抽出法が異なることを知っておくと、豆選びがスムーズになりそうだ。

step 4

豆の挽き方とタイプの相性

挽き具合によって香味と適した抽出方法が異なる

コーヒーを淹れるには、焙煎した豆を粉状にする手順が必要だ。これを豆を挽く（グラインド）といい、挽いた粉の大きさによって苦みや酸味が異なる。それにともなって、適した抽出法も変わることを覚えておきたい。

粒度によって、極細挽き、細挽き、中挽き、粗挽きの4つに分けられ、挽き具合が細かければ細かいほど、苦みが強くなる。これは、粉の粒度が細かくなると、湯に触れる粉の面積が増えるためだ。

「一般的には、細挽きはエスプレッソマシーン、中挽きにはペーパードリップ、粗挽きにはコーヒープレスが向いているといわれます。なかでも最もスタンダードなのが中挽き。ペーパードリップ以外にも、ネル、サイフォン、コーヒーメーカーなどさまざまな抽出方法に対応できます」（堀口さん）

豆を挽く道具「コーヒーミル」には、電動、手動の2タイプがある。電動もさまざまな価格やデザインのものが販売されていて、簡単で便利。手動は、多少粉がばらつくこともあるが、ゆっくりコーヒーを楽しめる。

「信頼できる専門店で、挽いた豆を購入するのも選択肢のひとつです。挽いた状態で豆を購入する際には、自宅で使用している抽出機具や香味の好みに合うように、パッケージに表示されている挽き具合を確認しましょう」（堀口さん）

極細挽き

＋

きめ細かな粉をエスプレッソに

グラニュー糖よりもきめが細かいパウダー状の挽き方。味わいは、苦みが強く、酸味が強くないのが特徴だ。抽出時間が短いため粒子の細かさが必要なエスプレッソマシーン向き。

細挽き

＋

家庭用ミルで挽きドリップで

家庭用のミルで挽くことができる最も細挽きの状態。グラニュー糖ぐらいの粒度で、苦みが強くなる。ドリップのほか、水だしコーヒー、アイスコーヒーなどに適している。

中挽き

＋

中挽きは抽出の方法を選ばない

最もスタンダードな挽き具合で、粒度の目安はザラメ糖とグラニュー糖の中間ぐらい。抽出法を選ばないが、サイフォンやドリップが適す。

粗挽き

＋

粗めの粉はプレスで抽出

ザラメ糖ぐらいの粒度の粗い挽き方。コーヒープレスやパーコレーターなど、お湯に粉を浸透させるような抽出法が向いている。

コーヒー豆の精製方法の違いで香味が決まる

ナチュラル

チェリーを収穫し、そのまま乾燥工程に入るためナチュラルと呼ばれる。水のない産地で生まれた伝統的精製方法。複雑でコクのあるコーヒーができるが、未熟豆の混入で、欠点の味がでることも多い。

パルプドナチュラル

チェリーを果肉除去機にかけ、果肉を取り除き、パーティメント（種子を覆う内果皮がついた豆）にする。パーティメントにはヌメリ（粘着質）がついているがそのまま乾燥工程に入る。甘みのあるコーヒーが出来る。

セミウォッシュト

果肉除去機で、果肉とパーティメントのヌメリをとり、乾燥工程に入る。ウォッシュトに比べ水の使用が少なくすみ、ウォッシュトから切り替える産地が多い。香味はウォッシュトに近い。

ウォッシュト

ヌメリのついたパーティメントを、水槽にいれ発酵させる。その後水洗いする伝統的な精製方法。水源の多い生産地で取り入れられている。きれいな香味のコーヒーが出来る。

Drip

雑味が少なく、豆の個性が際立つ家庭で最もポピュラーな抽出法

指導・珈琲工房HORIGUCHI・堀口俊英さん

ペーパードリップでコーヒーを淹れる際に用意するのは、ドリッパーとペーパーフィルター、ポット。ペーパーフィルターはあらかじめ側面の折りしろを折る（台形タイプは側面と底面を互い違いになるように折る）。

ペーパードリップを使った淹れ方

ペーパードリップは、ネルドリップを簡略化した淹れ方。雑味が少なく、豆の個性を引き出すことができるのが魅力だ。粉の中心に、湯を細くゆっくりと注いで、しっかり蒸らす美味しい淹れ方をマスターしたい。

ペーパーに折り目を入れて、隙間がないようにドリッパーにセット。人数分の粉（2人分で20～30gが目安）を入れる。

湯を均等に浸透させるために、粉を入れたドリッパーを軽くふりながら、表面が水平になるようにならしておく。

90～96度に沸かしたお湯を、粉の中心に細く注ぐ。お湯が出るポットの先が粉面から3cmほどの高さで。

新鮮な粉は、湯を注ぐとふんわりと膨らんでくる。粉に湯が染み込んで、膨らみがしぼむまで、少し様子をみる。

ネルドリップを使った淹れ方

ネルドリップとは、フランネルの布袋を使った抽出法。保湿性に優れることから、まろやかな味わいに仕上るのが特徴だ。ネルフィルターの状態が味に影響するため、その手入れや管理にも注意が必要だ。

ネルフィルターをポットにセット。人数分の粉（3～4人分で約30gが目安）を入れたら、左右に軽く振って粉面を水平にする。

粉の中央をめがけてゆっくりと湯を注ぐ。湯を少量ずつ、中心から外側へと円を描くようにして粉全体に行き渡らせる。

粉全体が膨らんだら、お湯を注ぐのを一旦止める。粉の膨らみが落ち着いて平になったら、再びゆっくりと湯を注ぎ始める。

フィルターから黒いしずくが数滴落ち始める。このようにぽたりと落ちるのは、湯が粉に浸透し、抽出できている理想の状態だ。

コーヒーのエキスを抽出する 最初の1分が仕上がりを左右

家庭で最もポピュラーな「ペーパードリップ」の抽出法。だが、本当に美味しい淹れ方を知り、実践している人は意外と少ないのではないだろうか。豆の個性をしっかりと引き出すためには、「最初の1分間を大切にしたい」と堀口さん。「粉ひとつひとつに熱湯を十分にしみ込ませるように抽出するのが、おいしいコーヒーを淹れる極意。そのためには、お湯を注ぎはじめてから1分間が重要です。粉の中央に細く湯を落とすことで粉全体に水分をしみ込ませ、豆の成分を溶解・抽出させると、旨味やコクが出てふくよかな味わいが増します」

沸騰したやかんの湯を注ぎ口の細いポットに移すと、適温の95度前後に。このお湯を注ぐ範囲は、中心部に500円玉一枚分程度が目安。粉の端に注ぐと、側面から下に流れるだけなので、端にかけないのも注意したいポイントだ。

「最初の1分を丁寧にじっくりと入れたら、後は好みで調整します。軽い味わいが好きな方なら、1分ほどかけて太く早めにお湯を注ぐ。しっかりとした味わいが好みなら、2分ほどで細めにゆっくりと注ぐ。自分の好みにぴったりの抽出時間を探るのも、コーヒーを楽しむ醍醐味でしょう」

早く飲みたいばかりに焦るのは禁物。「最初の1分間はじっくり」を心がけて、理想の淹れ方を修得したい。

粉がしぼんだら、再び湯を細くして注ぐ。粉が膨らんだら（1回目よりもひと回り大きい）、注ぐのを止める。

コーヒーの抽出液のしずくがぽたぽたとコーヒーサーバーに落ち始める。これが濃縮されたコーヒーのエキス。

お湯を注ぎ、膨らんだら平にする。この行程を約1分間繰り返す。この1分が味を左右する大切な時間。細く丁寧。

約1分が過ぎたら、好みに応じて湯の注ぎ方を変える。湯を太く入れると薄く軽い味わい、細く入れると濃くなる。

人数分のコーヒーが抽出されたら、お湯が残っていてもドリッパーを外す。置いたままにすると雑味や濁りの原因に。

細く湯を注ぎ、粉が膨らんだら注湯を止める。この行程を数回繰り返す。この時、抽出液が濃い茶色になっていることを要確認。

抽出液が薄い茶色になったら、抽出を止める。液体を全て落としてしまうと味を損なうので、粉面が大きくくぼむ前にサーバーから外す。

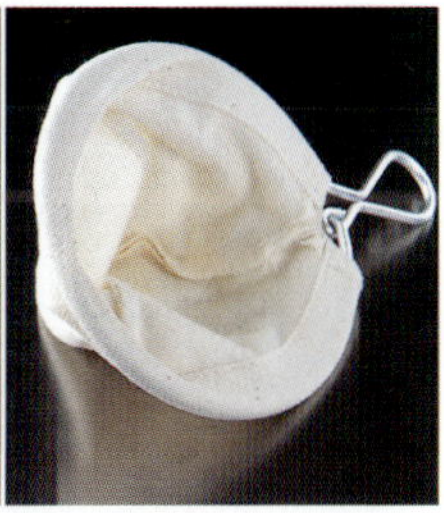

新品のネルを使用する際には、布についたぬめりを取るために、必ず数分間煮沸が必要。使用後は洗剤を使わずにきれいに洗う。洗剤を使うとにおいがフィルターに残るので注意。

すぐに使用しない場合や使い終わったら、タッパーやボウルなどにはった水に浸けて冷蔵庫で保存し、水を1日に1回変える。目詰まりを防ぐため、数回に1回は煮沸して保存を。

Siphon

アンティークな雰囲気で演出効果が高まるサイフォン

指導・コーヒーハウスとむとむ つくば店 小池美枝子さん

撹拌後のロート内コーヒー比率と残った豆の形状が美味しさのポイント

「ジャパンバリスタチャンピオンシップ」のサイフォン部門優勝者、小池美枝子さんは、サイフォンの魅力をこう語る。

「自分で淹れている様子が目で見られることが一番。おすすめは夕方の静かな部屋で淹れること。ゆっくりとした時間を感じることができると思います」

ルックスはコーヒー器具の中でも特に秀でている。19世紀には使用されていたというサイフォンは、アンティークでありながらラグジュアリーな雰囲気を持つ。また、感覚をつかめば味をコントロールできるようになるという。

「強火でさっと沸騰させるとあっさり。弱火でじっくりだとコクのある味に。淹れることを楽しむのなら、サイフォンはピッタリですね」

チャンピオンのこだわりは、淹れ終わった後のロート内に残る豆の状態。豆がなだらかな山になれば、美味しく淹れることができた証拠となるという。標高約2㎝の小さな山は「ドーム」と呼ばれ、大会では技術点として評価される。

さらに、抽出途中でわかる美味さの基準として、1回目の撹拌後のロート内の様子が重要。上から、泡、豆粒が浮いた液体、パウダー豆と混ざった黒い液体の比率が、1対1対5になることがポイントだ。

これらのコツをつかめば、サイフォンを制することができるだろう。

コーヒーハウスとむとむ つくば店

㊟茨城県つくば市高野台2-9-8 ☎029-839-1206 ㊢ 7~22時(LO21時) 無休 つくば牛久ICから車で約10分 http://www.coffeetomtom.com/

2000年、SCAJ認定コーヒーマイスター資格取得。2006年、ジャパンバリスタ チャンピオンシップのサイフォン部門で優勝、エスプレッソ部門で入賞。

フィルターの掃除は、豆を入れていない状態でフィルターをセットし強火で煮沸させる。

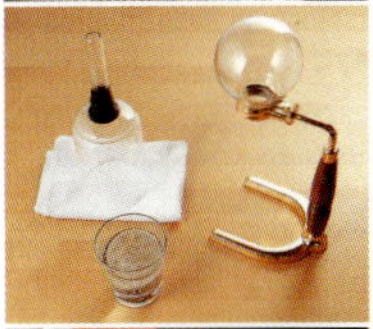

フィルターは水に浸けて冷蔵庫で保管することで長持ちする。使用前後に煮沸する。

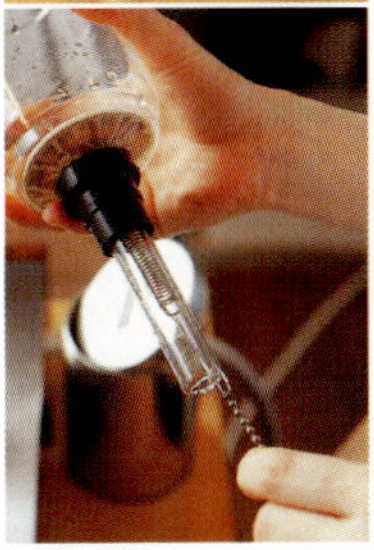

ロートの先端にフックをかけ、フィルターをセット。上からヘラで平にすればOK。

おいしいサイフォンの淹れ方

理科の実験のようなわくわく感が魅力のサイフォン。原始的な手法だけに、ユーザーが味をコントロールできるのも楽しみのひとつ。あせらず、ゆったりとした気持ちで挑むことが大切。自分好みのルックスの器具を選ぼう。

1 フラスコに130cc(1杯分)の水を入れ沸騰近くまで温める。ヤカンで温度を上げたお湯を注げば時間短縮に。

2 ロートを斜めに入れる。ロートを差すと湯温が低くても上にあがってしまう。フラスコのみで火にかけると噴水になる。

3 メジャーカップで豆12～15g(一杯分)をロートに。ミディアムからハイローストなど浅めの焙煎豆を使うとベスト。

4 フラスコの湯が沸騰したら、斜めにしていたロートをフラスコにセットする。

5 沸騰すると水蒸気が膨張し、ロート上に上昇してくる。ランプの火をフラスコの底にあたるかあたらないかの弱火に。

6 豆がお湯に完全にひたるように2～3回、ヘラでかき回して撹拌。撹拌しすぎると雑味が出る。その後、40秒待機。

7 40秒後、渦ができる要領で8まわしほどしっかり撹拌。これを「スクリュー」と言う。撹拌したらランプの火を外す。

8 火を外したことでロートの温度が下がり、フラスコにコーヒーが吸われて流れ落ちてくる。

9 コーヒーが下に戻りきり、空気がボコボコと入ったら完成。ロートの豆がなだらかな山状になっていれば成功。

Press

豆本来の味を最大限に引き出すシンプルでナチュラルなプレス

指導・喫茶 ミケネコ舎 太田原一隆さん

プレスを使った淹れ方

スペシャルティコーヒー派には選んでほしいプレス。約束事は時間厳守だけ。ごくシンプルな手法だからこそ、豆の質が問われる。プレスを使用する場合は豆選びのセンスが問われるだろう。好みの豆を使って楽しんでほしい。

高品質のスペシャルティコーヒーの中挽きを用意する。淹れる直前に挽いたものがベスト。

１杯分なら豆は８g。ここでは２杯分なので16gをプレスに入れる。この間にポットで湯を沸かす。

沸騰したお湯(95～96度が目安)を注ぐ。粉とお湯が接触してから時間(トータルで4分)を計り始める。

最初は湯をガラスの側面に当てながらできるだけ静かに注ぐ。粉全体にお湯がゆきわたるようにする。

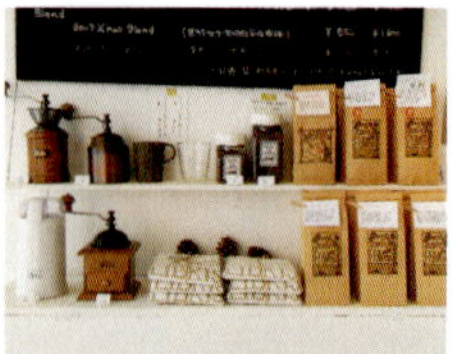

今のおすすめは、2009年のエルサルバドル・カップ・オブ・エクセレンス第２位のエルホコティージョ農園産の豆。レモンのような爽やかさと蜂蜜の甘みが口のなかに広がる。コンテスト上位入賞豆をはじめ、丸山珈琲・丸山健太郎氏が仕入れて焙煎した最高級のスペシャルティコーヒーを取り寄せている。

COFFEA EXLIBRIS〈コフィア エクスリブリス〉
㊟東京都世田谷区代沢5-8-16
☎050-1516-6554 ㊇13:00～22:00(LO21:00) ㊡金 ⊗下北沢駅南口より徒歩7分「スペシャルティコーヒーの楽しみ方」教室でコーヒープレスの使い方、スペシャルティコーヒーの味わい方をレクチャー。詳細はHPにて。http://coffeaexlibris.web.fc2.com/

風味特性を最大限に引き出すプレスで スペシャルティコーヒーを楽しむ

2009年3月に下北沢でスペシャルティコーヒー豆販売店「COFFEA EXLIBRIS」を開業したご店主、太田原一隆さんは、丸山珈琲で働いていた時にスペシャルティコーヒーの良さを最大限に引き出すコーヒープレスを知る。コンテストや生産地での買付けで使われ、コーヒーの味が最もわかる「カッピング」と、原理的に同じ抽出方法がプレスだ。

「良い豆を使ったとき、その豆の魅力を最大限に引き出す抽出方法がコーヒープレス。スペシャルティコーヒーを楽しむなら、豆の香りや良い成分が凝縮している油分をこさずに抽出できるプレスが最適です」

プレスで淹れるときに最も注意しなければならないのが時間。4分間の抽出時間を厳守することが成功のポイント。

「3分半では抽出が不十分。4分半では過抽出になり飲みにくい味が出ます。濃い味が好きなら豆の量を多めにするなど、味の好みは抽出時間ではなく豆の量か湯量で調整します」

日本でもようやく浸透してきたプレスだが、北欧や米国のトップスペシャルティロースターやカフェでは当たり前のように使用されている。それは、高品質の豆が市場に流通しているからこそ。日本でも近年スペシャルティコーヒーの専門店が増えてきた。上質な豆を選り抜いて、プレスで豆本来の味を満喫したい。

5 湯の分量は280cc（2杯分）。目安としては粉の最上面がフレームの上にくるまで。

6 フタをして湯を注ぎ始めてからトータルで4分間待つ。4分以上になると過抽出になり飲みにくい味が出るので注意。

7 4分たったら静かにつまみを押し下げる。底まで押し下げたら完成。豆本来の味が楽しめる1杯の出来上がり。

8 抽出が終わったらコーヒーは早めに注ぎきる。プレス内にコーヒーを入れたままにすると抽出が進み過抽出になるので注意。

日々の使用はポットとプランジャー（金属フィルター）を洗えばOK。時々プランジャーを分解してブラシなどで汚れを取る。

「4分間」の抽出時間を守るため、必ずタイマーを用意。どのタイプでも可。店ではプランジャーにセットできるボダム社製を使用

スタンダードなシャンボール、鏡面仕上げのコロンビアなど、ボダム社のプレス器具を店内で販売。プランジャー別売りもあり。

Espresso & Cappuccino

チャンピオン直伝のテクニックをマスターしてマシンを操る

指導・Paul Bassett新宿　鈴木清和さん

バリスタ歴５年目の鈴木清和さん。ポール・バセットの日本人弟子一号。ポールイズムの継承者として、焙煎や抽出などを手掛ける。

Paul Bassett 新宿

■西新宿の高層ビルの地下１階に位置する■焙煎機やセラーなどが設置され、豆の管理も店内で行う。全58席■店内、ウェブで豆を販売。ポールバセットによる2003年ワールドバリスタ・チャンピオンシップ優勝ブレンド「シグネチャー」¥700(100g)など■㊟東京都新宿区西新宿1-26-2新宿野村ビルB1F ☎03-5324-5090

エスプレッソを淹れる手順

シティかフルシティの豆を極細挽きにする。焙煎後3～7日間ほど豆セラーで熟成したもの21g（二杯分）を使用。

バスケットの中の豆を山形にカットしたプラスチックで整える。指の油分などが豆にうつらないため。

タンパーでバスケット内の豆を軽く押さえて平に。店で使用しているタンパーはステンレス製。

バスケットの周囲をテーブルなどでトントンと叩き、再度豆を整える。すべての豆を均等にするための一工夫。

その後、もう一度タンパーで豆を押しつける。このとき、全体重をかけてしっかりと押し込むことがポール流。

山形に盛られていた豆が、しっかりと押し付けられたことを確認。美しく水平になっていればタイピングは成功。

エスプレッソマシンにカップとポルタフィルターを装着し、スイッチを入れる。店ではラマゾッコ社のマシンを使用。

抽出したとき、ハチミツのようなとろみがあるエスプレッソが途切れず出ると成功。ポタポタ落ちる場合は再トライ。

カプチーノの手順

ミルクピッチャーに冷えたミルク175cc（一杯分）を入れておく。スチームノズルは空作動させて余分な水分を飛ばす。

ピッチャーの側面、時計の針だと3時の方向にノズルを当て、ミルクを泡立てながら対流させる。約13～15秒。

ピッチャーの底をテーブルなどでトントンと軽く叩き、さっとピッチャーを回しながら大粒の泡をなくす。

出来立てのエスプレッソに注ぐ。コーヒーとミルクがよく混ざるよう、中心に勢い良く流し込むのがポイント。

抽出されたエスプレッソの様子が蜂蜜のように光沢があれば成功の証

「ワールドバリスタ・チャンピオンシップ」において、世界最年少、オーストラリア人として初の世界チャンピオンに輝いたポール・バセットさん。そんなポールの弟子バリスタとして活躍するのが鈴木清和さんだ。

「豆はポールが選んだものを使っています。店で自家焙煎し、店内の温度管理された豆セラーで寝かせます。焙煎機と豆とマシンとバリスタ、そしてお客さん。すべてが近くにあることが、美味しいエスプレッソの条件になると思います」

また、バスケットに入れた豆を切るために使用する「ドーシングツール」は、下敷きなどのプラスチックをオリジナルでカットしたもの。ポール考案のなだらかな曲線で豆を切ることで、濃厚で深い味わいを実現している。

鈴木さんは、数々のラテ・アート大会で優勝経験を持つドミニク・マイデンチッチさんからもラテ・アートの指導を受けている。ポールが選定したミルクを使い描くアートは、美味しさを保つために時間短縮し、あえて細かい絵柄は描かないのだとか。

ポールイズムの継承者は、「抽出のとき、ポタポタ落ちたり水っぽくサーッと出る状態ではなく、ハチミツのようにとろみがあるエスプレッソが出たら成功です。家庭用マシンでも再現できるので挑戦してみてください」と熱く語った。

La té art

Heart《ハート》

カップに浮かぶハートがチャーミングな1杯。シンプルな絵柄だが美味しく飲める基本になる。

ミルクでできた円の中心をサッと切るようにミルクを注げばハートの完成。左右バランスが対象になるよう、ハートのくぼみ部分からとがった部分に向けて流し込めばOK。

出来立てのフォームドミルクをエスプレッソの中心に、勢い良く流しこむ。

半分ほどミルクを注いだら、小さな円が浮かび上がってくる。後半は勢いを落とし、真ん中にそっと注ぐ。

コーヒーとミルクが混ざるよう意識しながら注ぐことがコツ。大きな円が浮かび上がってくる。

最後のミルクは、円の真ん中を上から下にサッと切るように注ぐ。切られたミルクがハートを描く。

Rosetta《ロゼッタ》

技アリに見せる葉っぱ柄。左右のフリ幅が葉の太さの決め手となるので、いい形になる。

まずはカップの中心にミルクを流し込む。その後、ミルクピッチャーを左右にゆらしながら注いで、最後は葉の下部分から上に向かいミルクでサッと切って完成。

利き腕にミルクピッチャー、片方でエスプレッソのカップを持ち、エスプレッソの中心にミルクを注ぎ入れる。

カップの中に丸くミルクが浮かび上がってきたら、カップとピッチャーを左右に揺らしながらそっと注ぎ入れる。

手前に向かって左右の幅を小さくしていく。左右の幅の大小で葉の大きさが決まる。

カップの端までできたら、下から上にサッと切るようにミルクを注ぐ。これが葉の真ん中になる部分になる。

文／生田ユリ　撮影／石井雄司（P.54 ～P.60）

私のこだわりのコーヒー教えます

Coffee break interview

〝コーヒー党〟有名人4人のくつろぎの一杯

コーヒーにはコーヒー党の数だけこだわりがある。豆にこだわる、淹れ方にこだわる、お店にこだわる……。コーヒー党有名人4人が語る〝自分なりのコーヒーのこだわり〟を、くつろぎの一杯を飲みながら教えてもらった。

コーヒーを飲んで喫茶店でのんびり。そこに座った人たちに思いを馳せながら

森本レオ

1943年生まれ。日本大学芸術学部卒業。俳優、ナレーターとして活躍するほか、オリジナル作品・名作の朗読とクラシック演奏がコラボするコンサートも開催中。

喫茶店は異文化に触れる最も手近な空間だった

ぼくはずっとコーヒーマニアだと思ってたけれど、実は喫茶店マニアだったんです。コーヒーは好きですが、味云々よりもコーヒーの向こう側の物語を見つめてきた気がします。

大学の頃からお金もないのに、喫茶店を将来が見えない不安や焦りからの逃げ場所にして、毎日のように大学近くの店に通った。それから10年、大学卒業後に再び上京して高円寺に住んだのが29歳。

2年ほどで役がもらえるようになって生活が安定してくると、コーヒーの文字が輝き始めるわけです。ネルケン、ファゼンタ、アズスーンアズ、シャテニエ、そして何より聖地ロバ…。30年来住んでいる高円寺には素敵な喫茶店がたくさんあって、自分なりの喫茶店マップもできた。ロバでは、役者や歌手ら仲間と集まって、演劇談義や映画論、クラシック、ジャズ、絵画、哲学の話をするのがとにかく楽しかった。気づくとコーヒー片手に朝を迎えていたこともよくありましたよ。当時のぼくにとって、喫茶店はまさに異文化留学でしたね。大きな地球儀の話ができる貴重な時間でしたね。

ぼくの高円寺喫茶店マップのなかでも、ここ「七つ森」は一番遠い異国。晴れた日、日だまりの道を10分ぐらい歩きながら時間を遡ると、30年前と変わらない扉に迎えられる。高円寺に来たばかりの自分に会いにくる感覚ですね。今は仲間たちと集うことはなくなったけれど、古い店特有の温もりがある。革が破れかけた古い椅子を通して、そこに座った人たちの温もりが感じられる。もしかしたら、その昔、釣竿抱えた太宰や井伏さんが座ったかもしれない、なんて考えてみたり。最近は、コーヒーを飲みながら、そこに座った人が残す温もりを求めて、ひとりのんびり過ごす時間になっていますね。

「この歳になって、ようやくひとりで喫茶店にきても寂しくなくなった」と森本さん。七つ森では、決まってブレンドコーヒー485円とともにプリン625円などのスイーツも注文。約30年来、変わらない佇まいで迎えてくれる森本さんの行きつけの喫茶店の一軒。

七つ森 東京都杉並区高円寺南2-20-20
☎03-3318-1393　無休　㊂10:30〜24:00

取材・文／宇治由美子、撮影／早野知子（P61、62）

Coffee break interview

喫茶店は、いつも黙って受け容れてくれる〝帰れる場所〟です

村山由佳

1964年生まれ。立教大学文学部日本文学科卒業。
『天使の卵（エンジェルス・エッグ）』で第六回小説すばる新人賞受賞。
『星々の舟』で第129回直木三十五賞を受賞し、
同2003年にNHK紅白歌合戦で審査員に選ばれる。

おいしいコーヒーは人を思いやる気持ちがあって淹れられる

私とコーヒー。というと、やっぱり『おいしいコーヒーのいれ方』。この小説を書き始めてから、もう10年以上の付き合いになりました。

タイトルだけを聞いた方には、料理本？と聞かれることもありますが（笑）違います。人の、正直で純粋な心を描いた恋愛小説です。じつはこのタイトルは、第一話のラストシーンと呼応しているんです。コーヒーの達人であるマスターが、主人公を一人前の男と認めた証として、特別に、おいしいコーヒーの淹れ方を伝授してやる、という。

右）洋書の装丁がそのまま描かれた愛用のコーヒーカップ。一番のお気に入りはDOSTOYEUSKY「Ceime and Punishment」。ほかにも「A closkwork Orange」「A Tale of Two Cities CHARLES DICKENS」がある。左）『おいしいコーヒーのいれ方』First Seasonを全10巻で終え、Secound Seasonに突入。2008年、12巻目が発売された。

私が高校生のころは、今のようにあちこちに大きなチェーンカフェなんてありませんでした。マスターが一人でやっているような、小さな喫茶店がいくつかあるだけ。でも、だからこそ、マスターと親しくなったり、そこに来るお客さんとも話すようになったりというコミュニケーションがうまれていたんです。

この「人と人のつながり」を小説の中で描くことが、私の大きなコンセプトになっています。

おいしいコーヒーは、ただ技術だけで淹れることはできません。飲んでくれる人を思いやる気持ちと、どんな時も揺るがない自分というものがあってこそ、本当においしいコーヒーが淹れられるはず。だから、この小説シリーズの中でも、主人公がおいしいコーヒーを淹れられるかどうかが大切なキーワードなんです。

喫茶店とは、私にとって、学校では学べないことを教えてくれた場所です。マスターが相談にのってくれたり、時には叱ってくれたり。いつ行っても黙って受け容れてくれる〝帰れる場所〟。そういう場所に出会えたことが、今も私に、誰かのためのコーヒーを大切に淹れようと思わせてくれている気がします。

 取材・文／阿部真季、撮影／栗井理紗子

僕の生活の中で絶対かかせないコーヒーマシーンが「いきなりコーヒー」

筧 利夫

1962年生まれ。劇団第三舞台出身。テレビ出演作品に「Dr.コトー診療所」「踊る大走査線」。舞台作品に「幕末純情伝」「すけだち」など多数。

抽出までの18分は、僕だけの大切な時間

僕の生活の中で、絶対かかせない存在になっているコーヒーメーカーがあるんです。その名も『いきなりコーヒー』。でも、いきなりコーヒーが抽出されるというわけではないんですよ。まず水と生豆をセットするところから始まり、スイッチオンで豆を自動焙煎。そして独特のうなり声をあげてミル。コーヒーが抽出されるまで18分かかります。

毎朝起きると最初にするのが、この儀式。ここ一年近く日課になっています。出来上がるまでの間は、僕だけの瞑想タイム。時々はその日の仕事のことを考えることもあるけれど、ほとんどいつも何も考えていません。

『いきなりコーヒー』は、ずっと気になる存在でしたから、迷わずに購入しました。それも3台まとめ買い(笑)。自分の家のほかに、実家にもプレゼントをしました。

右）筧さん愛用の「いきなりコーヒー」。購入したばかりのとき、ご自宅で記念に撮影した、とっておきの1枚。左）今、一番気になっているコーヒーマシーン「イーカフェ」。コーヒー好きの間ではすでに話題のマシーンとか。

僕はコーヒーを飲むことも、もちろん好きなのですが、何よりもコーヒーマシーンが好き。インターネットでいつもニューマシーンを探しているのですが、最近ちょっと気になっているものがあるんです。それは、『イーカフェ』という同じ直火焙煎機能付きのコーヒーマシーン。『いきなりコーヒー』と違うのは焙煎後の豆をストックできるところ。なので時間があまりかからないらしいんです。

少し心惹かれますが、やっぱり今の僕には『いきなりコーヒー』。18分という待ち時間を楽しむことが大切なのかもしれませんね。

7月から、ミュージカル『ミス・サイゴン』が始まるのですが、是非、観に来て下さい。歌う筧利夫はなかなか見られないので、見逃すと、この先10年、まわりの話題についていけなくなってしまいますよ（笑）

取材・文／阿部真季、撮影／粟井理紗子、ヘアメイク／牛丸朋美（SUGAR）、スタイリスト／瀧本景子（アップ・トゥ・デイト）

季節ごとに完全無農薬のオリジナルブレンドをお出ししています

工藤夕貴

1971年生まれ。女優。「逆噴射家族」「台風クラブ」等の映画で主演を努め実力派女優としての地位を確立後、単身ハリウッドに渡る。海外でも「ミステリー・トレイン」「ピクチャー・ブライド」と話題作に出演。

フレンチプレスにこだわった有機100%のコーヒー

コーヒーを淹れた時に、カップの中に浮かぶ油の中にコーヒーの芳香成分が含まれていて、それが美味しさだと思うんです。ペーパーフィルターを使うと、その油が吸着されてしまうので、どうしても物足りなくて、カフェをオープンしようと思った時に、フレンチプレスにこだわろうと決めました。

フレンチプレスはステンレスの網だけしか使っていないので、コーヒー豆の良いところも悪いところも全部、カップの中に出てきてしまうので、豆も有機栽培のものしか使っていません。

季節ごとに完全な無農薬で作られた豆をたくさん仕入れて、一番美味しいコーヒーは、どの豆をブレンドしたら良いのか、何度も何度も挑戦しています。今日のコーヒーもブラジル（シャドー・ガローン）、コナ（ディープロースト）、エチオピア、コスタリカなど何種類も取り入れたオリジナルブレンドです。

私自身がコーヒーの酸味が好きで、その上、苦いコクがあって、それでも飲んだ後にさっぱりする、そんな味のコーヒーを目指しています。

富士宮にオープンして1年になる「Café Naturel」ですが、〝本当に体に良いものだけをお出しする〟ことが信念だったので、例えばカレーも自分の畑で作った有機100%野菜を使い、スパイスも全てオーガニックです。日本でここまでこだわったものは他には無いと思います。

せっかく食べ物にこだわっても、食後のコーヒーに体に悪いものが入っているわけにはいかないんです。

医は食に学び、食は農に学び、農は自然に学ぶ。最近、読んだ本に書いてあったんですが、まさに私が目指しているものは、そこにあります。

店内には夕貴さんが「私独自のルートで仕入れました（笑）」というおしゃれな洋服や小物から、安全な洗剤まで可愛らしくディスプレイされ販売されている。天気の良い日は表のテラスやガーデンでお茶を飲むこともできる。フレンチプレスのブレンドコーヒー（600円）。

Café Naturel　静岡県富士宮市人穴346　☎0544-52-1788
㊡火、水、木　㊖11:00〜18:00（L.O17:00）

 文／清水英子、撮影／石川信介（sherpa inc）、ヘアメイク／丹羽喜久乃

JR山陰本線の安来駅と米子駅のほぼ中間地点の国道9号線沿いに建ち、店の裏は米子港から続く中海に面するのどかなロケーション。

全国縦断！

日本一おいしいコーヒー

トップバリスタから自家焙煎の名店まで、こだわり抜いた味わいが飲める店25

豆、焙煎、抽出…それぞれの考え方、方法で淹れられた一杯のコーヒーは
当然、お店の数だけ味わいもある。若手バリスタから、日本のコーヒー文化の先任者まで、
自分の味を信じるコーヒー名人のお店で、あなたの「日本一」を見つけてみては？

監修／川口葉子（All About［カフェ］ガイドhttp://allabout.co.jp/gourmet/cafegohan/）800軒以上にのぼるカフェを訪れた経験をふまえ、Webサイト『東京カフェマニア』（http://www.TokyoCafemania.com/）主宰。カフェのエッセイやレシピ提供など、さまざまなメディアで活躍中。最新の著作に『屋上喫茶階』（書誌侃侃房）がある。

Part 1

世界トップクラスのバリスタがいる名店

〝バリスタ〟という言葉が浸透し始めた昨今。ただエスプレッソを淹れるだけではなく、豆や焙煎にこだわったり、サービスに徹底したり…世界にも引けを取らない彼らの実力を、堪能してほしい。

(右)ワールドバリスタチャンピオンシップ2005で第2位を獲得したときのトロフィー。銀色のこのトロフィーを次回は1位の金色にしたいと言う。(左)国道沿いの赤い大きな看板が目印。

カフェ ロッソ
CAFÉ ROSSO
島根県安来市

自分の味を信じ、世界に挑むバリスタが淹れる至福の一杯

門脇洋之

1973年生まれ。大阪の洋菓子店でパティシエの修業をした後、'99年に店をオープン。全日本バリスタ競技大会2001、2003、2005優勝、ワールドバリスタチャンピオンシップ2005では準優勝を獲得。

焙煎室にこもることも多いが、できる限り店に立つようにしているという。

全国のコーヒー通の熱き期待を集め、トップバリスタを目指す

島根県安来市、人口約3万人の静かな街に、世界のトップバリスタが挑むワールドバリスタチャンピオンシップで日本人過去最高の準優勝を果たした門脇洋之さんの店がある。実家はコーヒー通にその名が知られる「サルビア珈琲」。小さな頃からコーヒーの香りに包まれて育ち、『CAFÉ ROSSO』を25歳の時に開いた。開店2年目の'01年に初めて挑戦した全日本バリスタ競技会で優勝し、世界大会を経験したことが、バリスタとしての意識を大きく変えたそう。

「世界のレベルの高さを見て、自分の信じる味をつくり、それをコンスタントに提供することの難しさを実感しました」

その想いを胸に挑戦した'05年の世界大会では見事2位に輝いた。

今やトップバリスタとして注目を集める門脇さんの朝は焙煎作業から始まる。生豆を知り、焙煎機を使いこなせても、シーズンごとに変わる生豆の状態に合わせた最良のローストポイントを日々模索していると門脇さんは話す。

「生豆の油が重要。エスプレッソ用の豆は深めに焙煎して、すぐに真空パックをしてから15日間寝かせて熟成させます。熟成させることで油が出て酸味がやわらぎ、甘みが増すんです」

積み重ねた経験をもとに焙煎されるコーヒー豆の品質の高さは、一度に30kgの注文が入ることからも想像できよう。

ソロサイズ(25cc)2杯分に対して18.5gとたっぷりコーヒー豆を使い、タンパーで最初はゆっくり、2回目は熱湯の気圧で豆がよれてしまわないようにギュッと強く押し固めるのが門脇さん流。早すぎると旨味が溶け出さないので、落ちるスピードは27秒ぐらいが理想的だそう。

(右)エスプレッソマシンは世界大会でも使われていたラ・マルゾッコ社製。(左)贈り物などで増え続けているというタンパー。門脇さんが使用しているのは直径57.57ミリの特注品(手前)。たっぷりのコーヒー豆を押し固めるのには、このサイズがいいそう。

美しいクレマが食指をそそるエスプレッソ(ソロ／25～30cc 367円)。

味わいが口の中で変化するワインのようなエスプレッソ

「ワインみたいに、飲んだ時に味が変化していくような、そんな味を出したい」

との言葉通り、門脇さんのエスプレッソでは味の変化を楽しめる。最初にくるコーヒーの香ばしさ、次にチョコレートのような強いボディを感じ、飲んだ後にはベリーのようなジューシーでキリリと立った酸味が余韻となって口の中に残る。生豆を極め、焙煎を極めた経験による深い味。そして抽出技術によってその味は完成される。

「コーヒーのエキスだけで満たさないといけないので、はちみつをスプーンでたらした時ぐらいの早さがちょうどいい」

グラインダーの調整ひとつで味が大きく左右される、ここにバリスタとしてのおもしろさがあり、毎日新しい発見があると門脇さんは言う。

カプチーノで使う牛乳は大山《だいせん》の岸田牧場の「牛乳便り」と決めている。

「牛乳の本場スウェーデンとイスラエルで勉強した牧場主が放牧し、ハーブや競走馬用の草を食べさせて育てた牛から搾るしっかりとコクがあるリッチな味のミルクです。スチームしてもしっかりした味を感じられる牛乳でないと、エスプレッソと一体にならないし、はっきりとしたコーヒー感が出せない」

スチーム（泡をつくる工程）にも技があり、細かくつぶす時間を長めにしているとか。きめ細やかでふわふわの、まるでクリームのようなミルクがエスプレッソと溶け合い、極上の味わいとなる。カップに残った最後の泡までスプーンですくい、残さず飲んでしまいたくなる。

コーヒー豆はブレンド8種、ストレート7種を用意。エスプレッソブレンドは100g 525円。他に使いやすいエスプレスポッド（10個セット／567円）なども用意されている。

（上）自家製の木いちごのケーキ（367円）。ケーキも魅力のひとつ。（下）きめが細かくクリーミーなスチームミルクは、一気に泡を作らず、泡を細かくするスピンの時間を長めにすることでなめらかに。

（上）焙煎室はカフェの入り口脇に。フジローヤルの5kg釜を使用。（下）門脇さんは朝から焙煎室に入り、多い時には12回も稼働させ、午前中のほとんどをここで過ごす。

（上）デザインカプチーノ（575円）。10種類の中で好みの絵を描いてもらえる。（右）赤と黄色をアクセントにした店内。中海に向け大きく開いた窓からは遠くに大山を望める。

店内をぐるりと見て気になったのがあちこちに飾られたフェラーリのミニカーやシンボルマーク。気になって聞くと、「フェラーリが好きなんです。でも、〝好き〟だけで買える車ではないので…。ワールドチャンピオンになったら自分へのご褒美として許されるかな…」

と門脇さん。予算に関係なく最高のものを使い、トップエンジニアによってつくられているフェラーリに強く惹かれるのだという。それは門脇さんのエスプレッソへの想いとも重なるようだ。自分の信じる味を実現させるために、門脇さんは今、２００９年の世界大会に焦点を合わせて、着々と準備を進めている。

「世界のチャンピオンになることで、自分の理想の味を実現できる環境が整うようにしたい。目下最大の目標は10月に行われる全日本バリスタ競技大会で優勝すること。優勝すれば世界大会で使う豆をブラジルに行き選ぶことができるんです」

　自分の味を信じていれば、それをわかってくれる人がいるということを父・美巳さんの姿を見て学んだという門脇さん。最終的には、農園で自分の思うような生豆を買い付け、理想の味とするエスプレッソを完成させたいと話す。門脇さんの淹れるエスプレッソが日常的に飲める安来の人たちがなんともうらやましい。

DATE

島根県安来市門生町4-3　☎0854-22-1177　㊎10～20時　㊡火曜（祝日の場合は翌日休）JR安来駅から車で約10分。http://www.caferosso.net/　コーヒー豆のお取り寄せ可

撮影／宮前祥子　取材＆文／角田多佳子

ヴォアラ珈琲 国分本店
鹿児島県霧島市

珈琲豆の生産現場から培煎まで熟知したバリスタが世界の舞台へ

竹元俊一

1977年生まれ。パティシエとして修行後2003年にヴォオラ珈琲に入社。エスプレッソマシン導入を機に、バリスタの勉強を始める。2004年から日本バリスタ選手権に出場し2006年に見事チャンピオンの座を射止める。

珈琲はもっと美味しくなる…その信念が作り上げた珈琲店

ソニー、京セラ工場と大手企業が進出して久しい鹿児島県霧島市国分。ヴォアラ珈琲は、珈琲豆販売専門店としてこの地に店を構えて11年目になる。ネット購入者だけでも全国に７０００人を持つ名店だ。オーナーの井ノ上達也さんは、全国の16グループから成る「珈琲の味方塾」のメンバー。この仲間で、品評会などで優秀な成績をおさめた豆なども買い付ける。今年に入って既にエルサルバドル、ホンジュラス、グアテマラ、コスタリカに足を運んだという井ノ上さんは、

「一本の木を取り巻く環境、つまり土壌、標高、気候といったテロワール、それに加えてやる気のある生産者がいることが、消費者が美味しいと思うコーヒー作りには不可欠。ところがコーヒーは農作物だからリスクがある。そこで生産者が喜ぶ仕組みを作り、より良いコーヒーを生産してもらおうということです」

常時16アイテムが並び、ブレンドはほとんどなく単一農園を中心に、ロースト具合を変えるなど、様々な味わいの品揃え。

この店のバリスタ・竹元俊一さんは、今年のジャパンバリスタチャンピオンシップで１６０人を制し、6月にコペンハーゲンで催される世界大会への出場を決めた。バリスタとはエスプレッソとカプチーノをメインにしたいわゆるバーテンダーで、イタリアで生まれたスペシャリスト。大会では４人のジャッジを客に見立て、エスプレッソ、カプチーノ、そしてエスプレッソをベースにしたオリジナルドリンクを15分間で給仕、「もう一度あなたからコーヒーを飲ませてもらいたい」と思わせる味とサービスを競う。元々洋菓子職人を目指していた竹元さん、

「人気店であればあるほど保存のテクニックを優先せねばならず、本来提供したい〝できたての味〟ではなくなってしまうことに疑問を感じました」

そんな時井ノ上さんと出会い、その職人気質とビジネス感覚を併せ持つ人柄に惹かれ、1年粘ってようやく働くことを

チャンピオンシップでの竹元さん。なぜこの牛乳を使ったかなどをプレゼンする能力も審査される。

(右)「できたての味をそのままサーブする」ことが喜び。(左)チャンピオンシップでは、コーヒーをフィルターに詰める作業から、掃除しながらできるかまでもが審査対象。

今回の日本大会で竹元さんが作ったオリジナル、「インザモーメント」。マンゴーとエスプレッソを合わせ、サーブするときにオレンジの皮を絞る。

許された。実はチャンピオンシップは今回で5度目の出場。2度目までは予選落ち、3度目で優勝、世界大会では10位。「思いがけなく名前が広がってしまい、プレッシャーで苦しい時期がありました」

そのせいか前回は日本3位。今回は気持ちを楽にすることで2度目の世界行きを手に入れた竹元さん、日本人初のワールドチャンピオン誕生を期待しよう。

日本のナンバーワンバリスタのエスプレッソを150円、カプチーノを250円と安価で飲めるのも嬉しい。

DATE

(住)鹿児島県霧島市国分中央5-3-17 ☎0120-86-4151 (営)9～19時 (休)火曜 JR国分駅から徒歩10分 http://www.inouecoffee.com コーヒー豆のお取り寄せ可

(右)豆は購入量が増える程価格を割安に設定している。(中上)全国に2機しかないエスプレッソマシン。世界大会でも使用するマシンとほぼ同使用のもの。(左上)500g900円～とリーズナブルなのも人気の一因。品評会で上位入賞の豆も購入できる。(中下)本日のおすすめ珈琲豆などの情報掲示も見逃せない。

 撮影・取材・文／プロダクションビコーズ

六本木 BAR DEL SOLE《バール デルソーレ》 本店

東京都港区

チャンピオンが提供するカプチーノを飲めるバール

横山千尋

1962年生まれ。大阪あべの辻調理師専門学校卒。2001年に「BAR DEL SOLE」開業。2002年、ジャパン バリスタ チャンピオンシップのエスプレッソ部門で優勝し、日本人として初の世界大会に。2004年も同大会で優勝、世界10位。ラテ・アート競技会で2位。

日本バリスタ界に一石を投じるバールマンの心意気とは

「バリスタ」は、シアトル系コーヒーショップの参入とともに日本に浸透しつつある言葉。しかし、イタリア・ミラノで修行を積んだ経験のあるバリスタ・横山千尋さんによると、我々日本人が考えるバリスタの概念は、イタリアのそれとは異なるという。

「抽出する技術だけでは、バリスタと呼ばない。イタリアで言うバリスタとは、あくまでバールマン。エスプレッソを淹れるほか、お客さんと話し料理も運ぶ。相手の年齢や服装、趣味、職業によってエスプレッソの味を変えるような心配りができる人のことです」

バリスタ＝バールマンは、エスプレッソ・マシンではなく生きた人間を相手にする接客業。抽出技術だけを取り上げる日本のバリスタ界の動向に、苦言を呈した。とは言うものの、彼自身もジャパンバリスタチャンピオンシップで優勝した実績を持つ。

「それは店に立つのと同じように、日々の仕事の延長で出場しただけ。長年、バリスタをやっているので臨機応変な対応ができたのでしょうね」

そんなチャンピオンのカプチーノは、イタリア式というルールにこだわる。

「イタリアでは、エスプレッソの伝統と文化を守ろうという動きがあり、IIAC（国際カフェテイスティング協会・国際エスプレッソ鑑定士協会）が、豆は5種以上のブレンドのものなどの定義を決めているんです。店でもそれに基づいたエスプレッソを抽出しています」

現在は商品開発やアドバイザー、講演会など多忙を極めている横山さん。それでも店に立つ理由を尋ねると、「仕事ですからね」とかわした。肩書きも経験もある彼は、カウンターの中で客と話しているときが一番の笑顔を見せる。これぞ、バールマンの真髄だろう。

（上）カプチーノ630円（カウンター450円）。ブラジル、プエルトリコ、エチオピアなど9種の豆をブレンド。「フォームドミルクが柔らかすぎないことがデザイン・カプチーノのコツ」と横山氏。スティック・ピンで仕上げる。（右下）110席を誇るイタリア式の大型バールは、陽気で明るいムードが漂う。（左下）イタリア製のエスプレッソ・マシン、ラ・チンバリーを使用。

DATE

㊟東京都港区六本木6-8-14 Patata六本木1F ☎03-3401-3521 ㊢11～24時、金土～翌2時、日祝～23時 ㊡第1日曜 都営大江戸線、メトロ日比谷線六本木駅から徒歩6分 http://www.delsole.st/

Lo SPAZIO《ロ・スパッツィオ》

東京都目黒区

バール本来の形を実現したイタリアン・スタイルの店

野崎晴弘

1974年生まれ。食品機器メーカーFMI専属のバリスタおよびジェラート・スペシャリストとして、バリスタセミナー、専門学校などで講義を行う。2002年に有限会社ブラヴィッシモを設立。同年「LoSPAZIO」をオープン。バリスタ育成スクールの講師として活動中。

特別ではない日常に飲みたい見た目も楽しいカプチーノ

もともとはコーヒーが嫌いだった野崎晴弘さん。同じ会社の先輩・根岸さんが作ってくれたエスプレッソを飲み、初めてコーヒーの魅力に気が付いたのが22歳。それが自身のターニング・ポイントだったと言う。その後、イタリアのバールで修行。日本人ならではの苦労もあった。

「イタリア男性から注文を受けたのでエスプレッソを淹れようと思ったら、『日本人のエスプレッソが飲めるか』と言われました。そのときは、イタリア人のスタッフが交代したのですが、ほかのイタリア女性から注文を受けたとき、僕がデザイン・カプチーノを作ったんですね。それを見たさっきのイタリア男性が、『おい、これを見ろ、俺の友達が作ったんだ』と周囲に自慢をして(笑)」

イタリア人も驚かせた野崎氏のデザインは、猫、クマ、ネズミなど豊富。お客さんの喜ぶ反応が嬉しいと言う。

豆は、イタリアから直輸入している専売のエスプレッソ・ビーンズ「アルベルトベラーニ」を使用。イタリアのコモ湖のほとりで焙煎された豆は、まろやかなのに濃厚な味わいが魅力だ。また、エスプレッソ・マシンは、ミラノのラ・チンバリー製で、最上級の型。店の自慢のひとつ。ハイ・グレードな設備を用意する一方、野崎氏は「特別ではない」という言葉を繰り返した。

「バールの理想像は、お客さんが休憩できるということ。特別な日じゃなくて日常の時間に立ち寄ってもらう。例えば美容院の待ち時間でもいいし、会社の休憩時間でもいい。1日に何回も来てくれて、休息の場になることが本来のバールの姿だと思っています」

その言葉通り、お客は皆、「飲みに来る」というより「遊びに寄った」という雰囲気。特別ではない日常に、極上の1杯がある幸せを感じたい。

(右上) イタリア式のアイスコーヒー、カフェシェケラート580円(カウンター380円)。エスプレッソ、グラニュー糖、氷などをシェイク。(左上) カプチーノ500円(カウンター270円)。ミルクの動きとつまようじで描く。(下) 自慢はバンコと呼ばれるカウンター。イタリアで実際に使用されている高さ1m20cmのバンコを使用。

DATE

㊟東京都目黒区鷹番3-3-5
☎03-5722-6799 ㊝11～翌2時 不定休 東急東横線学芸大学駅東口から徒歩1分
http://www.bravissimo.co.jp/LoSPAZIO.htm
コーヒー豆のお取り寄せ可

撮影／岩上正和 取材・文／生田ユリ

コーヒーハウスとむとむ つくば店

茨城県つくば市

女王が淹れたサイフォンコーヒーを味わえるカフェ

小池美枝子

1978年生まれ。2000年、SCAJ認定コーヒーマイスター資格取得。2006年、ジャパンバリスタ チャンピオンシップのサイフォン部門で優勝、エスプレッソ部門で入賞。現在、「コーヒーハウスとむとむ」で定期的に行われるコーヒー講座の講師を勤める。

突き詰めても底がないサイフォンの奥深い魅力

日本スペシャルティコーヒー協会の抽出委員会の副委員長を務める小池康隆氏。小池氏が喫茶店を始めたのが１９７７年。２００８年には、つくば市に4号店をオープンした。それら4店舗で腕を振るうのが、小池氏の長女、美枝子さん。彼女は生まれながらにコーヒーと携わり、高校生のころからアルバイトとして父の喫茶店を手伝ってきた。茨城県の利根町にてコーヒー豆の温室栽培をするほか、自社工場で焙煎、豆の買い付け、喫茶店の経営と幅広く日本のコーヒー界をリードしてきた父を持つ娘は、

「周囲から無言のプレッシャーはありますね」

と苦笑した。そのプレッシャーに負けず、２００６年ジャパンバリスタチャンピオンシップのサイフォン部門で優勝。

「優勝してからは、父から小言を言われることも少なくなりました。同じ店にいるとディスカッションはしますよ。喧嘩のつもりじゃないけど、ついヒートアップしてしまうことも…」

彼女がサイフォンコーヒーを淹れる姿には、凛とした空気が漂っている。ガスコーヒー・テーブルで熱されたフラスコからロートへとコーヒーが流れ込む。ロートに描かれた柄が、熱によってパッと色付く。一連の動きを見ていると、味わう前から優勝者の品格がある。

「雑味が出てしまうので沸騰しすぎないことに気をつけています。あとは、うっとりとコーヒーに見惚れているだけですよ。サイフォンの魅力は、突き詰めても底がないことだと思います」

優勝したときのコーヒー「チャンピオン２００６」（６００円）も店で飲むことができる。オーガニックのグァテマラほかハイとシティ・ローストの豆4種を使用。「コーヒーは植物」という彼女の言葉通り、フルーティな香りが魅力の1杯だ。

（右上）オリジナルブレンドEXは2杯だてで500円。キリマンジェロなどハイローストの中挽き豆4種をブレンド（左上）66席。グランドピアノの音色が優雅に流れる大人の喫茶店。コーヒーの木もある。（右下）父、康隆さんと娘の美枝子さん。（左下）使用しているのはハリオのサイフォン用フラスコと、ラッキーアイクレマスのスタンド。

DATE

㊟茨城県つくば市高野台2-9-8 ☎029-839-1206 ㊢7時～23時 無休 JR常磐線牛久駅より車で約10分。http://www.coffeetomtom.com コーヒー豆のお取り寄せ可

撮影／佐藤直也 取材・文／生田ユリ

GREENS Coffee Roaster《グリーンズ　コーヒー　ロースター》

兵庫県神戸市

「一杯入魂」。豆にこだわり焙煎機を操る珈琲マイスター

巌　康孝

1975年生まれ。2001年・2004年ジャパンバリスタチャンピオンシップサイフォン部門優勝。神戸市内の喫茶店に生まれ、大学卒業後にホテルに就職するも、2001年に実家の跡継ぎに。自家焙煎をすべく、自らの店を2005年に開店。

ロースターとバリスタという視点から生まれる極上の一杯

ジャパンバリスタチャンピオンシップ・サイフォン部門で2度の優勝経験を持つ巌康孝さんが常々考えているのが「いかにして普通においしい一杯をつくるか」ということ。ロースターとバリスタの視点から、サイフォンコーヒーとエスプレッソの味を日々追求している。

「うちは基本的には豆屋なんです。工場と豆の売り場があって、そこにカフェが併設されているという感じ」

ブレンドとストレートを合わせて常時15種揃える豆はすべてスペシャルティやプレミアムクラスを自家焙煎したもの。ブラジルの契約農園など、生豆にはとことんこだわっている。

「原料7・焙煎2・抽出1の割合で味が決まります。この全ての行程がとどこおりなくスムーズに行われないとおいしい味になりません」

店の看板ともいえるグリーンズブレンド（４００円）はブラジルを中心にブレンドし、濃すぎず薄すぎず、くっきりと豆の個性を感じられるシャープな味で、高温で抽出するサイフォンでしか出せない味だと巌さんは話す。

「湯１６０ccに対して粉16g。それを約92度で抽出して出来上がりは１４５～１５０cc。色んな要素を組み合わせてみつけた答えがこれなんです」

2度のチャンピオンに輝いた確かな技術によって理想の一杯が完成する。

巌さんが目下、試行錯誤しているのがエスプレッソ用の豆の焙煎。コーヒー本来の持ち味を生かしながら、エスプレッソらしいバランスを追求。目指すのはしっかりと芯まで火を通し、程よい苦味とコーヒー本来の甘味と酸味を感じる、立体感のあるエスプレッソ。ビターチョコのような苦味の後に、砂糖が溶け合って生まれる爽やかな果実味が口の中に広がる。その味わいを極めようと日々格闘中だ。

（右上）サイフォンは実家（喫茶店）で長年使われてきたものを譲り受けた。毎日磨きこまれ、美しく輝く。（右下）エスプレッソ（300円）はたっぷり2杯の砂糖を入れて飲む。甘酸っぱくフルーツのような味わいに驚かされる。（左上）ドイツ製PROBATの熱風型焙煎機を使用。データを取ることを欠かさない。（左下）店は高架下にあり、電車が通る音がBGM。

DATE

㊟兵庫県神戸市中央区元町高架通3-167　☎078-332-3115
㊜11～19時（18時30分LO）
㊡火曜（土・日曜、祝日は豆売りのみ）　JR元町駅から徒歩5分。
http://www.greens-kobe.67.jp　コーヒー豆のお取り寄せ可

撮影／宮前祥子　取材・文／角田多佳子

Part 2

日本のコーヒー文化を作った自家焙煎の老舗

誰よりも早くコーヒーの魅力に惹かれ、豆選びから抽出にいたるまでこだわり続けた人々がいる。日本にコーヒーが根付いたのは彼らがいてこそ決して色褪せることのない、先達者たちの味をたしなみたい。

カフェ・ド・ランブル

東京都中央区

銀座に半世紀、今もおいしさを追求し続ける老舗の矜持

関口一郎

1914年東京生まれ。開店は1948年。当時、銀座のコーヒーが一杯90円だった時代に100円でスタート。自家焙煎ネルドリップでおいしいコーヒーを提供。銀座でもっとも有名なコーヒー店の主人である。

器具からカップまですべてオリジナルに徹底

賑やかな銀座通りから1本入った路地にある店の隣に、風格ある焙煎機が見える。看板には〝珈琲だけの店〟という文字。バリエーションはいろいろあるものの、コーヒー以外は一切置いていない。

「昭和23年から始めて、今年でちょうど60年になります。コーヒーだけで60年もったということは、豆から焙煎、器具にいたるまですべてがオリジナルだということが、ちゃんとお客さまに支持されたと思うんです」

そう語るのは90歳を超えた今も毎日、焙煎を手がける主人の関口一郎さん。普段は店を入った右手にある書斎のような一角が、定位置だ。「いらっしゃいませ」「ありがとうございました」と、お客ごとに声をかけては、柔和な笑顔をほころばせる。

これまでおいしいコーヒーのために、関口さんが考案したのは焙煎機からミル、ポット、コーヒーカップまで。少しでも疑問が湧き起れば研究を重ねて、より良いオリジナルを造り、常に満足できる本物のコーヒーを提供してきた。たとえば焙煎機は、できるだけ豆が膨らむようにと、今まで4回も改良。さらに一般的なミルは豆をすり潰して挽くため微粉が多く、雑味が出やすいからと、豆を刻むようなミルを開発。現在も新に家庭用ミルの研究に没頭している。

「焙煎とはコーヒーの粉にお湯が接触す

オリジナルの薄手のカップに入ったドゥミ・タッス（700円）。

（右上）粗挽きネルドリップが基本。（左上）店先にある焙煎機は2台。今日も焙煎機に向かう、関口さんの元気な姿が見える。（下）店頭では自家焙煎のコーヒー豆も販売している。

暖かみのあるオレンジ色のランプや、丁寧に磨かれた木製のカウンターなど、歴史が刻まれた店内。

ブラン・エ・ノワール"琥珀の女王"（790円）。氷を使わずに急速に冷やし濃厚なミルクを注ぐ。

DATE

㊟東京都中央区銀座8-10-15　☎03-3571-1551　㊢12〜22時　日曜〜19時　無休　地下鉄銀座駅A３またはA4出口から徒歩2分　http://www.h6.dion.ne.jp/~lambre/　コーヒー豆のお取り寄せ可

るときにできるだけ膨らませて、中に気泡ができるようにする工夫なんです。いかに大きく膨らますかによって、コーヒーの成分を引き出しやすい状態に持っていけるかが決まります。焙煎の浅い豆は十分に膨らまず、豆を膨らますことばかりに気をとられるとオーバーローストになってしまいます。だからうちの焙煎機は強火の遠火方式になっています。ミルも味を決める大切な要素。粒が均一で微粉がほとんど出ない低速回転のものを開発してからは、コーヒーの味のキレがいっそうよくなりました」

もともとエンジニアだった関口さんがコーヒーに懸ける情熱は、留まるところを知らず、琺瑯製のポットは「コーヒーの粉にお湯を置く感覚で、少しずつ注げてしかも湯切れがいい」鶴口の注ぎ口に。沸騰したお湯がどっと噴き出さないよう、注ぎ口までの管も楕円形に変えた。また、カップの縁が唇にあたる感覚で味わいが変わることにいち早く注目。それまで冷めにくい厚手のカップが主流だった時代に、口当たりの柔らかな薄手の50ccデミタスカップもつくった。

「コーヒーを愉しむときは五感を総動員して、その醍醐味を味わってもらいたいんです。コーヒーはそれほど熱いものではありません。ですからカップの取っ手も取ってしまい、掌の中で包み込むようにしたんです。こうするとおいしいコーヒーの香りも透明な色も味わいも、ゆっくり愉しめますからね」

まるで時間が止まったかのような店で飲むコーヒーは、今も進化し続けている。

撮影／起定伸行　取材・文／瀬川慧（P76〜77）

六曜社地下店

京都府京都市

コーヒーだけでなく、空間の愉しみ方を教えてくれる名店

奥野　修

1952年生まれ。六曜社の2代目として自家焙煎専門の地下店を任されて25年。喫茶終了後、南禅寺近くにある焙煎小屋に行き夜遅くまで焙煎をする日々。「オクノ修」としてミュージシャンとしての顔も持つ。

一杯のコーヒーを通じて日常生活に溶け込む喫茶文化

1950年の創業時は地下店だけだったが、1965年に1階にも店を開き、上をネルドリップコーヒー専門に、地下は二代目の奥野修さんへと受け継がれて自家焙煎専門店となり今年で43年目を迎える。今や京都の喫茶文化を語るにはずせない存在となったこの店では、常時各国のストレートコーヒー10種、オリジナルブレンド2種を用意。ハウスブレンドは4種の豆を各25％と決め、バランスの良い苦味とコクがあり、ほんのりとした甘みを残しながらすーっと消えていくさらりとした味だ。淹れ方はいたってシンプルで、市販されている三つ穴のペーパードリッパーを使い、そこに何気なくお湯をかけているだけ。しかし、ここに奥野さんのこだわりがある。

「あくまでも日常の文化度を上げることを目指しているので、家庭でも購入しやすい道具を使い、店側がプレッシャーを与えるような淹れ方は絶対にしない」

と奥野さん。誰にでも簡単に淹れられるスタイルを守ること、それが豆を買って家でもコーヒーを飲むというライフスタイルを生み、喫茶店の存在が日常の中に自然に溶け込んでいくのだという。もちろん、コーヒーを飲みながらおしゃべりをしたり、本を読んだり、手紙を書いたり…、店で思い思いの時間を過ごして欲しいとも。そんな奥野さんが初めて訪れる店の愉しみ方を教えてくれた。

「よく〝おすすめは何ですか〟って聞かれる方がいますが、初めて行く店では黙って〝コーヒー〟と言った方がその場所を愉

（左）ブレンド（450円）と自家製ドーナツ（100円）が定番。撮影時のブレンドはコロンビアを主体にした4種。（上）昭和40年から変わらぬ店内。1階はネルドリップスタイル。

（右）河原町三条の一角にある。狭い階段を下ると、地下1階に威厳を放つ老舗店が顔を出す。

（右）販売する場合もオーダーごとにグラムを計り、要望に合わせて丁寧に挽いていくので、持ち帰りの場合は事前に連絡を。

と奥野さん。単に飲みたい味を求めて行くのではなく、オリジナルブレンドを含めた店の空気感を感じてこそ充実した珈琲時間を過ごせるのだと実感させてくれる、それがこの店の魅力なのだろう。

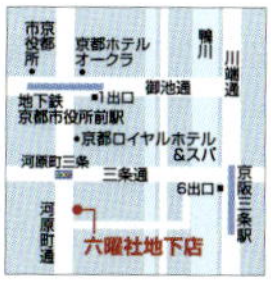

D A T E

㊟京都府京都市中京区河原町三条下ル ☎075-241-3026 ㊇12～18時 ㊡水曜 京阪三条駅から徒歩5分。豆のお取り寄せ可。問い合わせは電話で。豆は100g400円～。

 撮影／宮前祥子 取材・文／角田多佳子（P78～79）

大坊珈琲店
東京都港区

コーヒー色に深く染まった店内がすべてを物語る

大坊勝次

1947年生まれ。開店以来、一貫して手回しの焙煎機で少量焙煎。深煎りのさわやかな後口のコーヒーと、穏やかで思慮深い大坊さんのファンには作家・村上春樹など著名人も多い。

昔ながらの手回しロースター、ネルドリップでゆっくり抽出

ザッ、ザッ、焙煎機の中でコーヒー豆が回転するリズミカルな音が響く。毎朝何回か手回しの焙煎機に1kgの豆を入れて約30分、強火でゆっくりと回す。芳ばしい香りが強くなって、白煙が立ち込めてくると次第に音も軽やかになり、そろそろ焙煎が完了する合図だ。大坊勝次さんの朝は、こうして始まる。

看板のコーヒーは、イエメン、エチオピア、タンザニア、イースト・ティモール、コロンビア、ブラジル3〜4種類から、そのときどきで内容を少しずつ変えてブレンド。好みの濃さで飲んでもらえるようにと、豆とお湯の量が選べる5種類を用意している。

「開店当初は1種類しかなく、このお客さまは濃いのが好きだから濃くしてあげようとか考えて淹れていました。ですが、同じ人でも朝の一杯と食後に飲みたい一杯は違うでしょうから、こういうメニュー構成にしたんです」

定番は豆20gにお湯100ccの〝ブレンド3番〟。ポットから細く絞ったお湯を静かに注ぎながら、こまめにネルドリップを動かす。ゆっくりと丁寧に時間をかけて抽出されたコーヒーは少しぬるめ。濃くさわやかな味わいの奥に、深い苦味とまろやかな甘味が感じられる。「僕は豆、ブレンド、焙煎、選別、抽出まですべてを疎かにせずに、一番いい状態でコーヒーを提供します。そこから先は飲む人の自由。それぞれにおいしく味わっていただければいいんです」

開店は1975年。壁に掛かった大笊は焙煎した豆の熱で焦げ色がつき、飴色に輝いている。煙に燻されコーヒー色に染まった棚のハヤカワ・ミステリ文庫、丸みを帯びたカウンターやテーブルが長い年月を偲ばせる。コーヒーを愛する主人とお客が創り上げた、この心地よい雰囲気がすべてを物語っている。

(右上) 幾度も目で焙煎具合を確認する。(右下) ネルドリップでゆっくり丁寧に抽出。惚れ惚れするような無駄のない美しい動きだ。(左上)20g100ccのブレンド3番(600円)。さわやかな苦味が心地よい。(左下) コーヒー色に染まった棚の本も一見の価値あり。都心の至福の空間。

DATE

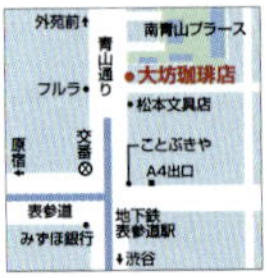

㊟東京都港区南青山3-13-20
☎03-3403-7155 ㊋平日9〜22時 日祝12〜20時 無休 地下鉄表参道駅から徒歩2分。ブレンド5種類600円〜、ストレートコーヒー800円〜。コーヒー豆のお取り寄せ可。

撮影／岩上正和　取材・文／瀬川慧

珈琲フッコ

福岡県福岡市

焙煎もドリップもオリジナル 店主が目指すのは和みの味

市原道生

1954年生まれ。大学職員として6年間勤務したのち、今でいうフリーターに。バイク旅行などをしているときに飲食業に携わっていた友人に誘われ、1980年に珈琲フッコを開店。その後、友人は店を離れ単独で経営することになり、現在に至る。趣味はツーリング、ジャズ鑑賞など。

喫茶店という空間で過ごす時間を味わうための珈琲

店名は原点回帰を意味し、漢字では「復古」と書く。市内中心部の細い路地にあった7席だけの喫茶店は、25年目を迎える直前の２００５年、福岡沖地震の災害に遭い閉店。その約2カ月後に同じ町内で営業を再開した。席数が3倍になった広い新店舗は面変りしたものの、本棚に並ぶ漫画や大きめの音量で流すBGMなど、この店独特の空気感は以前のまま。世界各国の生豆を店内で焙煎し、ペーパードリップで淹れるコーヒーも、28年前の開店当時から何ら変わっていない。

「コーヒーに関して、特に取り立てていうほどのこだわりはないんですよ。強いていうなら、焙煎した豆の鮮度に気をつけていることくらいでしょうか」

マスターの市原さんは、焙煎もドリップもすべて独学。一粒一粒を丹念にチェックする豆の選別に時間をかけ、焙煎は焼き上がりのタイミングと余熱のかけ方にもっとも神経を集中させる。ドリップは、きちんとした手順で正確に体を動かすことに徹する。沸騰が治まって数秒後の湯を3度に分けて豆に注ぐ淹れ方も、研究し尽くして辿り着いた独自の方法だ。

「頂点を目指そうとか、この味を分かって欲しいとか、そういう欲はないんですよね。ただ、プロとしての仕事はきちんとやっているつもりです」

喫茶店のコーヒーは、客が思い思いに時間を過ごすためのワンアイテムというのが市原さんの考え。多くを語らず「おいしいですね」という言葉に、心底嬉しそうな表情で応える。このスタンスが30年近く愛され続けている所以だろう。

メニューはブレンド5種、ストレート9種。ほか、コーヒーに蜂蜜と蜂蜜漬けレモンが入るカフェ・オ・ミエル（６００円）など、マスターが遊び心で創作したアレンジコーヒーや手作りの焼き菓子などが味わえる。

（右上）スタンダードブレンド(550円)やスコーン(150円)など、価格はワンコインをベースに設定され、お替りは200円引き。（右中）豆は13種を販売(100g 550円〜)、年季の入った秤ではかり売りしている。（右下）店は洒落た家具店などが入る建物の2階。周囲の雑踏を感じさせない落ち着いた空間だ。

DATE

㊟福岡県福岡市中央区大名1-6-13キキプレイス2F ☎092-714-5837 ㊟12時30分〜24時(LO 23時30分) ㊡不定休 地下鉄赤坂駅から徒歩5分 コーヒー豆のお取り寄せ可

撮影／西島義宏（apa-apa） 取材・文／蔵迫ゆりこ

店で出すのはただ一種類
焙煎は優しく、美しく

「ELEVEN」は1966年に『北地蔵』のオーナー・日比三裕さんが札幌にオープンさせた、地元では伝説の名店だ。

店はバブル期に立ち退くが、75年に開いた『北地蔵』が往時の風情を伝える。提供するのはアンデスマウンテン等をベースに自家焙煎する、ただ一種類のオリジナルブレンド（550円）。

「豆の特性に合わせた適度な焙煎、仕上がりの美しさを追求しています。それが抽出したコーヒーの風味、香りに影響するんです」

喫茶店という文化を伝えていきたい、と日比さん。学生には割引料金で提供。

「一杯のコーヒーで語り合う。そんなひと時の素晴らしさを知って欲しいんです」

クラシックが流れる店内、窓際には季節の花々。店が持つ独特の、しっとりとした空間を30年の時を超えて守り続ける。

北地蔵
北海道札幌市

生産者、豆を育む自然にも感謝して淹れるという一杯。

“喫茶店”という文化を若い世代に伝えていきたい

日比三裕

1945年生まれ。美容師を目指すが、あるきっかけで、札幌の喫茶店にコーヒーショップ「ELEVEN」をオープン（66～88年）。札幌では珍しかった自家焙煎の先駆けの一人としても知られる。お地蔵さんのような店、味になりたいと、75年「北地蔵」、87年「地蔵商店」を開店。

DATE
㊟北海道札幌市中央区北1条西2丁目　☎011-271-1567　㊟8～22時　無休　地下鉄大通駅から徒歩5分　http://members.jcom.home.ne.jp/jizou-coffee　コーヒー豆のお取り寄せ可

（右）おいしいコーヒーを落とすのは技術ではなく、優しい気持ちでいることが日比さんの信条。（左）細長く、奥行の深い店内。ゆっくり話ができる店として、常連客も多い。

撮影／江本秀幸　取材・文／塚本尚紀

八百コーヒー店

東京都文京区

のんびりした時間が流れる夫婦経営のほのぼのカフェ

曽田顕

1968年生まれ。自宅でコーヒーを淹れる兄を見て「実験みたい」とコーヒーの魅力に気が付く。2005年、建築関係の仕事を辞め、史子さんと共に夫婦で「八百コーヒー店」をオープン。店では不定期で焼き物、服、靴などの展示会やイベントを積極的に開催。

まずは香りから味わう待つ時間こそ至福のサイフォン

「喫茶店を始めて、何気ない日常の楽しみに気が付きました。例えば店の前のベンチの下にポピーが咲いている、とか」と、曽田顕さんは笑う。曽田さんは建築業を辞め、パートナーの史子さんと一緒に店をオープンしたのが3年前。今も二人で切り盛りするこの店は、前を通る幼稚園の子供たちが手を振ってくれるなど、すっかり地元に馴染んでいる。

手法は、アルコールランプでフラスコを熱する昔ながらのサイフォン。曽田さんがコーヒーを淹れ始めると、一瞬、沈黙が広がる。同時にコーヒーの香りがふくらみ、こんなにもゆったりとした心地いい沈黙があるのか、と気付かされた。

フラスコは約93℃。湯がロートに上昇してきたら竹のヘラで撹拌し、アルコールランプを外す。抽出されたコーヒーがフラスコに戻ってきたら、最後にひと口味見。その間、6～7分。じっくりと時間をかけてテーブルに運ばれた1杯は、爽やかな風味と澄んだ色味が印象的だ。

「現在は大阪、大分、石川など4名の信頼している焙煎技術者から豆を仕入れています。ロースターさんには直接会って、土地や環境、人柄、焙煎方法など、それぞれのこだわりを聞いて選びます。フジロイヤル製のミルは、豆同士の摩擦を避けるため、小さく噛み砕くカット歯に改造しているんですよ」

作家に頼んで作ってもらっているという陶磁器のカップは、持ち手がなく、すっぽりと手のひらで包み込むように持つ。木目のコースター、ステンレスのスプーンと、異なる手触りの3点が絶妙なバランスを保っているのがユニーク。

「珈琲は正解がたくさんあって、それぞれの個性があって面白いですね」

と曽田さん。個性を尊重するために、より香りが引き立つサイフォンで勝負。その心意気がつまった1杯を味わいたい。

（右上）ニューギニアなど3種の豆、フルシティ・ローストの中挽きを使用したコーヒーその1（450円）。時期によって豆の種類は異なる。（左上）飛行機の座席やバイクのシートなどユニークな椅子が並ぶ。（左下）1杯6～7分かけて淹れるサイフォンコーヒー。（右下）卵の味が濃厚な甘さ控えめのロールケーキ（450円）。コーヒーとの相性が抜群。

DATE

㊟東京都文京区本駒込2-10-5 ☎03-3943-6884 ㊢11～19時 ㊡月曜、火曜 都営三田線千石駅のA１を出て右隣 http://www007.upp.so-net.ne.jp/happyaku/

撮影／佐藤直也　取材・文／生田ユリ

いわい珈琲
北海道札幌市

生産地の現状を知らなければ 質の高いコーヒーは出てこない

岩井貴幸

1973年生まれ。98年、豆の焙煎・販売を行う「いわい珈琲」を開店。SCAAコンファレンス、COE審査会等に参加（07年から国際審査員）。同業の仲間とともに独自の仕入ルート開発にも携わる。04年「カフェヒュッテ」オープン。

冷めても甘味が残るスペシャルティコーヒーへのこだわり

「コーヒーは結局、カップの中に入っているものがすべて。豆が持っていないものは、どうやったって出てこないんで」

だから、優れた豆を見つけ、仕入れにまで関わることが必要だという岩井貴幸さん。独特の風味を持ち、冷めても甘さが続くコーヒーを扱う。

「質の高い豆を、適正な技術で焙煎し、カップに注ぐ。全プロセスで品質が維持されているのがスペシャルティコーヒー」

自家焙煎店のグループ「珈琲の味方塾」に加盟、昨年からは審査会COE（カップオブエクセレンス）の国際審査員も。

「生産地の現状を知り、正当な取引をしなければ豆の質は低下してしまう。COEの活動は現地農家の評価を行う場でもあるんです」

コーヒーを飲むひと時の心地よさも知って欲しいと話す。

（上）数人で満席になる店内は、友人の家にいるような、ホッと出きる空間。（右下）コーヒーはイタリアのラ・チンバリ社製のエスプレッソマシンで抽出する（280〜420円）。（左下）果実酒用の密封瓶に入れられたコーヒー豆がユニーク。

DATE

㊟北海道札幌市北区あいの里3条4丁目1-5　☎011-778-6603　㊔10時30分〜17時　㊡日曜・祝日　JRあいの里駅から徒歩10分
http://www.iwaicoffee.com/　コーヒー豆のお取り寄せ可

いわい珈琲カフェ・ヒュッテ。併設のカフェは、夏期にはデッキにベンチが出て心地よい空間ができあがる。

撮影／江本秀幸　取材・文／塚本尚紀

カフェベルニーニ
東京都板橋区

コーヒー一筋40余年の技が光る 多くのファンを魅了し続ける

岩﨑俊雄

1945年生まれ。コーヒー一筋40年の技に多くのコーヒーファンが集る。ジャパンバリスタ チャンピオンシップ審査員、コーヒー文化学会員。

手間暇かけていい豆を選ぶ 熟練の職人技が光るコーヒー

平日は地元の人たち、週末になると全国からファンの通う、こだわりの自家焙煎珈琲店。浅煎りから深煎りまで常時26種類の豆を自在に焙煎する。

「芯を残さずじっくり時間をかけて、中まで丁寧に煎っています。何より大切なのは、良質な豆を使うこと」

家庭でおいしく飲んでもらうために、スペシャルティーコーヒーを選び、ハンドピックでひと粒ずつ選別。ペーパーでドリップした1杯は、軽やかだがコクがあってキレがよい。

「良質な豆だけを使って丁寧に焙煎したコーヒーは、体にも優しいんです」

嫌な苦みや酸味が口に残らないので、何杯でも飲めてしまう。コーヒーの真の美味しさの基準を再認識させてくれる店である。熟練の職人技がつまった一品をぜひ堪能したい。

（上）ベルニーニブレンド（500円）をはじめ、各種40品のラインナップ。（右）イタリア式アイスコーヒーのカフェ・シェカラート（730円）に、特製チーズケーキ（420円）は他2品も人気メニュー。（左）窓からは城山公園の草木が見える。

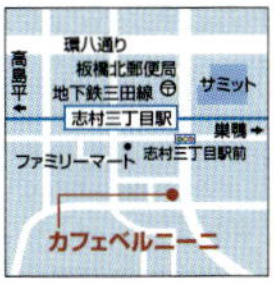

DATE

㊟東京都板橋区志村3-7-1 ☎03-5916-0085 ㊢12～19時 ㊡火・水曜（土曜は豆、器具販売のみ）都営三田線志村三丁目駅から徒歩2分 http://www.caffe-bernini.com/ コーヒー豆のお取り寄せ可

改造焙煎機で炒った豆で スペシャルティな1杯を実現

田那辺聡

1971年生まれ。大手人材ビジネス業を退社し、2002年、有限会社ピコフードサービスを設立。同年、「カフェ・デザール ピコ」をオープン。日本スペシャルティ協会ローストマスターズ委員会の副委員長。

カフェ・デザール ピコ
東京都江東区

疑問の追求から始まった コーヒー道を究めるカフェ

営業マン時代、休息で利用していたカフェで気がついた。「コーヒーが美味しい店とそうではない店があるのはなぜか」。

疑問を持ったらとことん追求するのが癖だという田那辺聡氏。その結果、スペシャルティコーヒーにたどり着き、追求が高じて自ら店をオープン。

「豆選びの楽しみは、やっぱりカッピングですね。香りと味を確かめながら、誰がどんな土地でどのように育てた豆かを追求するんです」

さらに、フジローヤルの人が見たら驚くほど焙煎機にも追求の痕跡が。「排気、温度計、スプーンなど8箇所ほど改造しました」

自身が「啓蒙活動」と呼ぶ田那辺氏のコーヒー道。コーヒー嫌いでもいつの間にかハマるというスペシャルティな1杯を、飲み手も追求してみたい。

（上）木目の喫茶店に、タイルの豆売り屋、ガラス張りの焙煎工場。（右下）ペーパードリップで淹れたピコのモカジャバ（490円）。シティ・ローストのエチオピアとフレンチ・ローストのマンデリンの2種をブレンド。（左下）オリジナル・カスタムの焙煎機。

DATE

㊟東京都江東区牡丹3-7-5 ☎03-3641-0303 ㊢9～19時、日祝～18時 ㊡火曜 都営大江戸線・メトロ東西線門前仲町駅から徒歩3分。http://cafe-pico-shop.com/ コーヒー豆のお取り寄せ可

撮影／佐藤直也（カフェベルニーニ）、岩上正和（カフェ・デザール ピコ）　取材・文／生田ユリ

名店から独立した ホリグチイズムの継承店

間庭邦夫

1974年生まれ。客として通っていた「堀口珈琲 世田谷店」にて堀口俊英に誘われアルバイトを開始。その後、「珈琲工房HORIGUCHI」に入社しローストを担当。2006年に「tonbi coffee」をオープン。

こだわりの豆と相棒の焙煎機で上質な１杯を作り出す

日本コーヒー界の最先端を走る研究者である堀口俊英さんのもとで修行を積んだ間庭邦夫さん。独立するときに、堀口珈琲で使っていた焙煎機を譲り受けた。「フジローヤルの改良釜です。バーナーとドラムの距離を広げ、単独の排気ファンを設備しています。特に深煎りの領域で真価を発揮します。もう10年の付き合いになる僕の相棒ですよ」

また、堀口さんが中心となって設立した「リーディングコーヒーファミリー」に所属し、質のいい豆を入手することができるのも強みのひとつ。

「焙煎も淹れ方も大事。でもスタートは素材の品質にあるはずです。産地からカップまで、昔も今も『なぜ？』という問いかけを続けています」

と間庭さん。ホリグチイズムを継承する上質の１杯を味わいたい。

(上) ガラス張りの店内。(右下) タンザニア、ケニアなど５種のシティ・ロースト、中細挽きの豆をペーパドリップで淹れた艶美ブレンド(450円)。愛嬌のある九谷焼の陶磁器で。(左下) 艶美ブレンド(945円・200ｇ) ほか約15種が通販可能。

DATE

(住)群馬県高崎市菅谷町531-10 ☎027-360-6513 (営)10～19時 (休)火曜、第3水曜 JR上越線新前橋駅から車で約15分 http://www.tonbi-coffee.com コーヒー豆のお取り寄せ可

独自のルートで豆を入手 他にない１杯を提供する店

河野武史

1973年生まれ。インポートフード専門店で勤務したのち、2006年に「MAMMOTH COFFEE」をオープン。バラエティ豊かな豆が揃う。

マンモス コーヒー
MAMMOTH COFFEE
東京都練馬区

個性ある豆をうまく手なづけ飲みやすさと味を追求

「一番多いのは、『飲みやすいコーヒーはどれですか？』という質問ですね」と、河野武史さんはいう。インポートフードの会社で働いていた河野さんは、当時の経験を活かし、個人店ながら個性的な豆を仕入れることができる。

「自分の好みで選ぶので、あまり市場に出回らない豆が多いですね」

扱いにくい豆を手なずけた看板メニュー、マンモスブレンドはブラックでもほのかに甘みを感じる１杯。アメリカのアンティーク「ファイヤーキング」のカップに注がれる。焙煎はフジローヤルの5kg、半熱風式を使用。ストップウォッチ片手に細かく色味と香りをチェック。

ちなみに「飲みやすいコーヒー」に対する河野さんの返事は、「おいしいコーヒーでいかがでしょう」とのこと。愛とこだわりを感じる返答だ。

(上) ブラジル、タンザニアなど４種のシティ・ロースト、中挽きの豆をペーパードリップで淹れたマンモスブレンド(380円)。(左) イギリスのスクールチェアが並ぶ店内。
(右) 常時、約11種の豆が並ぶ。通販は3000円以上で送料無料。

DATE

(住)東京都練馬区関町南2-5-15 ☎03-3594-5900 (営)10～18時30分 (休)月曜 西武新宿線上石神井駅から徒歩15分 http://pub.ne.jp/mammothcoffee/ コーヒー豆のお取り寄せ可

撮影／佐藤直也　取材・文／生田ユリ

coffee kajita
愛知県名古屋市

現地へ出向き農園を訪問
最高品質の生豆を自家焙煎

梶田真二

1967年生まれ。東京「珈琲工房ホリグチ」のセミナーに5年間通う。パリでの修行経験があるパティシエの妻と共に、2004年同店をオープン。今春、スマトラのコーヒー農園へ出向き、栽培から生産工程を視察。

豆の個性が存分に楽しめるスペシャルティな一杯

〝スペシャルティ・コーヒー〟。梶田さんがこう呼ぶのは、どの国のエリアで栽培され、品種、流通経路など、すべてが明確になっているものに限定される。

例えば同店で使用しているLCFマンデリンは、生産国のスマトラでも数少ないマンデリンの在来種が現存する特定エリアで栽培されたもの。コーヒー豆はすべてハンドピックで収穫され、生産から流通に至るまで、丁重に扱われていることを現地視察で確認しているのだ。

ブレンド6種とストレートが11種。「LCFマンデリンはクリーンで明確なキャラクターがあります。そこを素直に出すために、焙煎や抽出の際、時間と温度を調整しています」

抽出中も香りと濃度を、常に確かめる梶田さん。カップには最高な状態に仕上げられた芳醇な一杯が注がれる。

（上）L字のカウンターは全8席。（右下）LCFマンデリン（450円）。フレンチローストで深みとクリアさを併せ持つ一杯。（左下）ワインのようにケーキとのマリアージュも楽しみたい。トリニダット島のカカオ豆を使ったフォンダン・グラン・クヴァ（500円）。

DATE

㊟愛知県名古屋市名東区高社1-229 ☎052-775-5554 ㊝11～20時 ㊡水・木曜 地下鉄東山線一社駅から徒歩3分 http://www.coffeekajita.com コーヒー豆のお取り寄せ可

苦みと甘みを引き出した
深煎りならではの味わい

鈴木義弘

1967年生まれ。焙煎方法等を独学でマスターし、1999年5月に同店をオープン。焙煎は深煎りのフレンチ・ローストに絞り、苦みとコクにこだわる。厳選素材を使用したおやつは妻・夏子さんが作り、天然酵母のスコーンが人気。

milou《ミル》
愛知県名古屋市

自分の五感だけを頼りに深煎りの新たな魅力を知る一杯

テーブルにそっと差し出されたシンプルなコーヒーカップは、店主・鈴木義弘さんの想いそのものである。コーヒーメニューのページにはブレンド5種とストレート9種。しかしよく見ると、「濃くてスッキリした苦み」「力強い良質な酸味」といった、味の方向性しか書かれていない。専門店ならそれ相当のこだわりがあるであろう豆に関する情報は、店のどこにも見当たらないのだ。

「コーヒーも手作りおやつも、飾りたてずに味で勝負したい。重厚ではなく気軽に、難しい話より自分の味覚でおいしいと感じてもらえたらうれしいですね」

焙煎はすべて深煎り。抽出には円すい型の銅製ドリッパーを使用し、コクを引き出す。情報に惑わされることなく、自分の五感だけを頼りに、心に響く深遠な一杯と出会えるはず。

（上）心地よい音楽が流れる店内。（右下）ブレンド1（400円）。ブラジルのブルボン種をベースに、モカ、ガテマラなど4種をブレンド。（左下）焙煎はすべて深煎りのため、抽出の際、ゆっくり湯を落としてコクを出す円すい型の銅製ドリッパーを使用。

DATE

㊟愛知県名古屋市千種区楠元町2-35楠元マンション1F ☎052-764-4936 ㊝10～18時30分 ㊡木曜 地下鉄東山線本山駅から徒歩5分 コーヒー豆のお取り寄せ可

撮影／川島英嗣　取材・文／布施恵

エレファントファクトリーコーヒー ELEPHANT FACTORY COFFEE

京都府京都市

コーヒーと煙草、音楽、本を愉しむ路地裏の珈琲空間

畑　啓人

1970年京都生まれ。11年間東京のインテリアショップでバイヤー等の仕事をしていたが、「地元に自分が行きたい珈琲店をつくりたい」と、木屋町の古いビルの2階に2007年9月店をオープン。店では古本も販売。

京都と北海道の喫茶文化が融合し、新しき伝統がはじまる

喫茶文化を誇る京都にありそうでなかったのが、キリリとした苦味とどっしりとしたコクを感じさせるコーヒー。「深煎りで苦味が強く、酸味の少ないコーヒーが好きな僕が行きたくなる店をつくりたかった」と話すオーナー・畑啓人さんが淹れてくれるのは、北海道で出会った畑さん理想の〝濃い味〟のコーヒーだ。店では北海道美幌町のロースターに焙煎を任せた豆を常時7種用意。深煎り3種、中煎り3種はいずれも酸味が少なく苦味の強い味で、「今月の豆」とした1種に酸味のあるものが登場することも。

古き良き伝統を受け継ぐ「コーヒーと煙草、音楽、本を愉しめる空間」とのコンセプトに、北海道のストロングコーヒーの伝統をブレンドしたこの店の存在が、京都の喫茶文化の歴史に新たに加わった。

（右）４種の豆をブレンドした深煎りのEFブレンド５（600円）。コーヒーはレーズンチョコを添えて出される。（左）新店ながら年月を経た味わいを感じさせる店内。河原町通りの１本東の細い路地にある古いビルの２階にあり、隠れ家のような立地も魅力だ。

DATE

㊟京都府京都市中京区蛸薬師通東入ル備前島町309-4 HKビル２F ☎075-212-1808 ㊪13～21時 ㊡木曜　阪急河原町駅から徒歩5分。豆のお取り寄せ不可

煎りたて・挽きたて・淹れたて 鮮度にこだわった香り高き一杯

山崎雄康

1966年生まれ。大学卒業後15年間サラリーマン生活を送っていたが、独立を目指してコーノ式珈琲塾に参加したのをきっかけに、2004年に珈琲サイフォン（株）に入社。約1年の修業を経て2005年12月に開業した。

チッポグラフィア TIPOGRAFIA

大阪府豊中市

コーノ式珈琲塾の味を受け継ぎながら独自の味を模索中

「生豆をどう焙煎し、どんな味にしようかと考えるとワクワクします」と話すオーナーの山崎雄康さん。熱と湿度を嫌うコーヒー豆を最良の状態まま販売するために用意された冷蔵ショーケースには、常時12～14種の豆が並ぶ。「スペシャリティと呼ばれる豆を用意していますが、何よりも鮮度が大切なのでうちでは賞味期限をかなりタイトに設定するようにしているんです」と山崎さん。定番のブレンドはコーヒーのクリアさを再現するコーノ式円錐ドリッパーを使い、「きれいで飲みやすくコクのある味」になるよう丁寧に淹れ、マグカップにたっぷり200cc入れて出すのがチッポ流だ。グァテマラ、コロンビア、ブラジル、エチオピアの4種をブレンドした本格派の味をガブガブ飲める、コーヒー好きにとってこれほどの贅沢はない。

（上）カウンターをメインに４つのテーブル席を用意。珈琲塾やライブなどのイベントも。（右下）ブレンドコーヒー（420円）。２杯目からは200円）。手作りのひと口お茶菓子が付き。（左下）焙煎機はフジローヤルの３kg釜。

DATE

㊟大阪府豊中市本町6-7-7 ☎06-6849-6688 ㊪11～19時 ㊪月曜（祝日の場合は火曜）　阪急豊中駅から徒歩10分　http://www.tipografia.sakura.ne.jp/ 豆のお取り寄せ可

撮影／宮前祥子　取材・文／角田多佳子

カフェ・ド・カッファ
CAFE DE KAFFA
福岡県福岡市

デカンタージュするコーヒーの秀美なる味わい

平田隆文

1955年生まれ。東京の喫茶店で約5年間修業したのち、1989年地元福岡にカフェ・ド・カッファを開店。日本スペシャリティコーヒー協会認定コーヒーマイスター、福岡市喫茶組合理事のほか、コーヒー講座講師も務める。

布で漉す透き通ったコーヒーこそ日本が世界に誇る妙技

「例えば和風ダシのように、日本人は澄んだものを好みます。濾しておいしいところだけをとり出すのは日本料理の基本であり、文化でもある。濁らないドリップコーヒーは日本人の技術で洗練され、完成度を高めました。私は今の日本のドリップ技術は世界一だと思っています」

そう語る平田隆文さんは、日本スペシャリティコーヒー協会認定コーヒーマイスターの第一期資格取得者。現在は講演も精力的にこなす地元喫茶業界の重鎮だ。

平田さんが惚れ込んでいるのは、厳選した豆を1年半から2年かけて熟成乾燥し、焙煎したエイジングコーヒー。渋皮をとり、挽いた豆をネルドリップで1度に5～10杯分をまとめて淹れ、さらにデカンタージュしてアクを取り除く。雑味やエグ味を徹底的に排除し、まろやかで澄みきったコーヒーを提供している。

(上)どっしりとした落ち着きのある店内では、カッファブレンド(500円)をはじめとするコーヒーのほか、ライトミールプレート(850円)など食事も提供。(下)互いの味を引き立て合う、ケーキとコーヒーのマリアージュ(800円)といったメニューも用意されている。

DATE
(住)福岡県福岡市中央区警固2-18-13オークビル2F ☎092-714-7179 (営)11～22時、金土～23時、日祝12～20時 (休)不定休
地下鉄赤坂駅から徒歩7分
コーヒー豆のお取り寄せ可

コーヒーを苦手としていた店主が提供する自信の一杯

篠原健夫

1970年生まれ。東京の一般企業に勤務したのち、知人の紹介で訪れたカフェ・ド・カッファのエイジングコーヒーに感銘を受け入門を決意。同店で約4年修業したのち独立。2005年、カフェ・カミノを開店。

カフェ・カミノ
cafe camino
福岡県福岡市

敬遠する人にこそ飲んでほしい熟成コーヒーのやさしい味

巨大なビルが立ち並ぶ大通りの裏側に、歴史ある寺が密集する御供所町。風情ある町の細い路地に面した小さなカフェの店名は、スペイン語で「道」を意味する。

「コーヒーが苦手だった僕は『カフェ・ド・カッファ』のエイジングコーヒーを飲んだ瞬間、この店で修業させてもらおうと思いました。それほど、僕にとっては衝撃的な飲みやすさだったんです。当店で出しているコーヒーは、すべて師である平田さんに教えてもらったものです」

店主の篠原健夫さんは、自分のようにコーヒーが苦手な人にも飲んでもらえる飲みやすくてしっかりコクのあるコーヒーを提供することを信条としている。エイジングコーヒーは、後口に爽快感とほんのり甘味が残るやさしい味。シンプルなベイクドサンドイッチ(550円～)や自家製スイーツ(250円～)も好評である。

(上)漆喰の壁に欅のテーブルが置かれた店内はシンプルモダン。(右)コーヒーのブレンドはマイルドとイタリアンの2種(各450円)。(左)コーヒーはたくさんたてたほうがおいしいという師の教えに従い、一回のネルドリップで5～10杯分をまとめて淹れる。

DATE
(住)福岡県福岡市博多区御供所町3-17-1 ☎092-282-4322 (営)12～19時30分、金～20時30分、土祝～18時 (休)日曜、8日、18日
地下鉄祇園駅より徒歩5分

Part 4

自家焙煎のスペシャルティコーヒーが味わえる名店

焙煎の加減ひとつでスペシャルティコーヒーの味や香りが大きく左右される。豆を知り尽くし、豆本来の味を最大限に引き出すローストで仕上げたコーヒーが楽しめる、全国の自家焙煎の名店を一挙紹介。

東日本編 ●長野県・小諸市

丸山珈琲小諸店

一般の方からプロまで珈琲をとことん楽しめる店

席数45。そう聞くと、少し広めの店を思い浮かべる人が多いかもしれない。しかし、丸山珈琲小諸店は桁外れに広い。建物部分だけで800平米。1フロアだが、天井が高く体育館のような開放感がある。

実はスペシャルティコーヒーが飲めるだけの店ではない。ボダムのフレンチプレス機やバリスタ用の器具などがずらりと並ぶ広い物販部門、巨大な焙煎機が置かれたガラス張りの焙煎工場部門があり、工場の端にはバリスタ用のトレーニングルームまでも併設している。オーナーは、日本スペシャルティコーヒー協会理事の丸山健太郎さん。1年の半分は世界中の産地を駆け回る、世界屈指のスペシャルティコーヒーのバイヤーでもある。91年、軽井沢に豆の販売も行う自家焙煎の珈琲店を開業。生産量が増えて手狭になってきたため、倉庫や焙煎工場も兼ねた小諸店を08年11月20日にオープンした。

店にはジャパンバリスタチャンピオンシップの上位入賞者もいて腕を振るうが、エスプレッソ以外のコーヒーはフレンチプレスで抽出して供する。

「スペシャルティコーヒーは難しくないということを知って、気軽に楽しんで飲んでほしい。フレンチプレスはいい豆のコーヒー本来の味を楽しめる簡単な抽出方法。分量を量って、沸騰したお湯を注げば、店と同じ味が家庭で味わえます」

店で扱うのは、すべてスペシャルティコーヒー。COE（カップ・オブ・エクセレンス）のカッパーとしても活躍する丸山さんが農園を訪れ、農園主の顔まで

(右)日本に2台しかない最新鋭の巨大焙煎機。焙煎室にはコーヒーの甘い香りが漂っている。(中上)生豆はすべて生産者から直接仕入れる。(中下)焙煎したての豆は、水分が飛び8割の重さに。(左上・下)挽いた豆10gに沸騰した湯を注ぎ約4分置いてカッピング。焙煎した豆は、焙煎人が自ら毎回カッピングをして味や香りを確認している。

(右)バリスタが淹れたカプチーノ525円。(左)プレスコーヒー定番ブレンド525円。コーヒーはすべてボダムのフレンチプレスで供する。12月後半からは今年のスペシャルティコーヒーのオークションで最高値をつけたグァテマラの農園のコーヒーも供される予定。通販で豆も販売する。

おいしく淹れるコツは、粉の分量を量ることと沸騰した湯をゆっくり入れること。4分間待って蒸らしたら、静かにプレスする。

(右)物販部門ではコーヒー豆やボダムのプレス機などが買える。(上)元は外車のディーラーだった建物を改築。「所さんの世田谷ベース」を手がけたインテリアデザイナー、石川容平氏がデザインを担当した。

わかった上で直接仕入れている、品質の確かなものばかりだ。その生豆を新しく導入したアメリカ製の最新鋭の熱風式焙煎機で毎日焙煎し、鮮度の高いうちに供する。熱風式焙煎機は、火で熱した空気によって焙煎する方式で直火式とは違い、豆が炭化しにくいのが特徴だ。

珈琲店の主であり、ロースター、カッパーであり、現地仕入れまで手がけて、スペシャルティコーヒーをこよなく愛する丸山さんは、この小諸店で、コーヒーが生産者から消費者に届くまでの一筋の流れを感じてもらいたいと言う。

「一杯のコーヒーを感じ、その向こうには生産者がいることを感じ、それらを感じる自分自身を感じてほしいです。そのために、今後は店に農園の生産者を招いてのイベントなども計画中です」

DATA

㊟長野県小諸市平原1152-1 ☎0267-26-5506 ㊢9〜20時 不定休 長野新幹線「佐久平」駅から車で15分 http://www.maruyamacoffee.com/ 豆はインターネットでも販売中。

東日本編 ● 茨城県・筑西市

太陽と月の珈琲 カミノカフェ

オーナーは元俳優！キャラの立った豆は独自の焙煎法で

「15年以上借家になっていた祖父の住まいを、2ヵ月半かけて自分で改装しました。床を張って、壁を塗って……と途中で気が遠くなる作業でしたが」

そう微笑むのは、かつて東京で俳優として活躍していたご主人の小山彰一さん。小山さんがコーヒーの虜になったのは、東京在住の頃。有名コーヒー店やセミナーに通い、マイスターたちに教えを請いながら知識と焙煎技術を習得した。

「コーヒーは自然が宿った農産物。それぞれの農園で育まれる個性がスペシャルティコーヒーの魅力です。矛盾した表現かもしれませんが、豆本来の素晴らしい香味を生かしつつも、丸くやさしい味わいを目指しています」

小山さんの焙煎の決め手は、水分を極力抜くこと。コーヒー豆に水分が残っていると酸味が強くなり、時間が経つことによって味が変化しやすいのだ。そのため、焙煎温度の上昇は1分間に4～6℃。温度をじわりじわりと上げて、豆を内部までできるだけ均一に焼き上げ、水分を抜いていくのだという。時間経過によって劣化しづらいコーヒーを目指すのは、一般家庭でも美味しく飲んでもらいたい、という配慮ゆえ。店での淹れ方はプレスか、ドリップかを選べる。

「コーヒー豆の持ち味を100％引き出すのはプレスだと思っています。プレスは豆の味が丸ごと出るので、素材そのものが素晴らしいスペシャルティコーヒーに相応しい淹れ方だと思います」

プレスで淹れた「鮮烈のグァテマラ」を飲めば、甘い香りとともにまろやかなこく、きれいな酸がすっと体に染み入る。

（ページ右上）名物メニューのトラディショナルホットケーキ500円。注文後に粉をまぜて銅板で焼き上げる。（ページ右下）フレンチプレスほか、ドリップでも提供している。（上）「店を始めるなら、どうしてもスペシャルティコーヒーを自家焙煎し、自分の好みの味をつくりたいと思いました」と小山彰一さん。（中）奥様の亜希子さんとともに2人で店に立つ。（下）2007年オープン。

（右）フレンチプレスのポットごと出される「鮮烈のグァテマラ」500円。芳香の湯気が店内にあふれる。（左）スペシャルティコーヒーの生豆を仕入れ、「企業秘密です（笑）」という独自の方法で丁寧に自家焙煎する。

DATA

㊟茨城県筑西市下岡崎2-2-14　☎0296-25-7340　㊫12～18時　㊡月・火曜　JR水戸線下館駅から徒歩6分　http://www.camino-cafe.com　コーヒー豆のお取り寄せ可

取材・文／本吉恭子　撮影／早野智子

東日本編 ● 愛知県・名古屋市

ペギー珈琲店

自家焙煎を始めて四半世紀 今も進化を遂げる至福の珈琲

使い込まれた焙煎機は店の歴史そのもの。住宅街に囲まれた池下の地に店を構えて25年。自家焙煎の先駆けとして名古屋ではその名を馳せる珈琲専門店である。

当初は一杯で満足するしっかりしたコーヒーを提供していたが、時代の流れと共に味わいも少しずつ変化。

「今はいい豆が手に入る時代ですから。焙煎前と焙煎後にハンドピックを行いますが、状態の悪い豆は皆無に近いですね。最近では香りがよく、雑味のないスッキリしたコーヒーに仕上げています」

と安島哲也さん。焙煎は直火式の釜を使い、豆の個性がストレートに引き出せる深煎りに。豆は鮮度が命と1日4~5回焙煎し、在庫の少ない豆を随時補給。

メニューはコロンビア、グアテマラ、などの定番ストレート13種類とブレンド2種。一番人気のペギーブレンドはブラジル、ブルボン2種とコロンビア、マンデリン、キリマンジャロの5種をブレンド。クセのないブルボンをベースにコロンビアを30%加えて甘みを出し、マンデリンをアクセントにしっかりした味わいの一杯に仕上げている。ホワイトボードにはオークションで落としたおすすめのコーヒーも3種記載されている。

「コーヒー業界では人気が高く、毎年好評価を得ているパナマのゲイシャ種（エスメラルダ農園）を先日ネットオークションで22・5kg落とすことができたんです。フローラルなアロマで香りの立ち方が他のものとは全然違いますね。滑らかなのにコクもしっかり。キレイな酸味でやっぱりいいなぁ」

安島さんは、嬉しそうな表情で応えた。

焙煎は豆の個性が引き出しやすい直火式の釜を使用。作業中は豆の膨らみや色づきをチェックし火力を調節。（下）豆は14種類を販売（100g500円～）。

（右上）店主おすすめのパナマのゲイシャ種（エスメラルダ農園）650円。この豆のためだけのオークションが開かれるほど世界中から注目を集める人気の逸品。（右下）豆はやや粗めに挽きたっぷりの粉を使ってコーヒーを淹れるのが安島さんの信条。（下）オープン当時から定番のチーズケーキ350円。リンゴを煮込んで作ったソースをかけ香り高い味わいに。

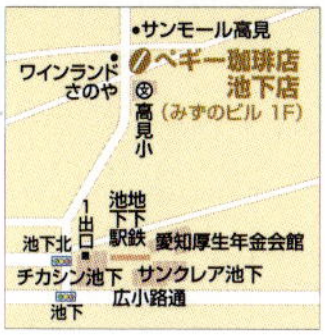

DATA

㊟愛知県名古屋市千種区若水 3-30-2 ☎052-722-9726㊎9～21時　無休（年末は12月30日まで。年始は1月4日から営業）地下鉄池下駅から徒歩10分　http://www.peggy.co.jp/　コーヒー豆のお取り寄せ可

 取材・文／布施恵　撮影／川島英嗣

(上)焙煎中、香りを確かめる伊東さん。(右下)コーヒー豆は左から、「スマトラ マンデリン アチェ」、「コスタリカ ブルマス農園」、「エルサルバドル サンタエレナ農園」。その時期によって、個性豊かなスペシャルティコーヒーが入荷する。丁寧に焙煎した豆はプレスで供する。(下中)バリスタが淹れてくれるカプチーノ390円は、野草を食べて育った東毛酪農の牛のミルクを使用。(右上)「本日のスペシャルティコーヒー」390円。この日は、コスタリカ・ブルマス農園。さまざまなフルーツを思わせる香りと力強さ、クリームのようななめらかな余韻が残る。

東日本編 ● 群馬県・桐生市

伊東屋珈琲

築150年の古民家で幸せの香りと味わいに目覚める

美しい墨色の屋根瓦に、白壁の古民家。コンクリート土間の店内には、アンティークの足踏みミシンを利用したテーブルや曲げ木椅子が溶け込み、ゆったりと時間が流れる。店内に置かれている焙煎機は、'64年ドイツ製のプロバットだ。

「古いものが好きなんです。とくに無骨な味わいのあるものに惹かれます」

というご主人の伊東芳実さんが、スペシャルティコーヒーと出会ったのは10年ほど前。長野県の丸山珈琲で飲んだブラジルのコーヒーに衝撃を受けた。

「正直、〝驚くほどのことはないだろう〟と思っていたんですが……。そのコーヒーを飲んで、全身に稲妻が走るような衝撃でした。上質なチョコレートのような甘い香りといい味といい、体験したことのない美味しさでした」

その一杯のコーヒーに打たれた伊東さんは、丸山珈琲をはじめとするビーンズショップグループ「珈琲の味方塾」の仲間入り。コーヒーの評価方法であるカッピングも一から学んでいった。また、海外の農園にも足を運び、生産者との対話を大切にしながら生豆を買い付けるように。知識と経験を積むことで、品評会の審査にも参加するようになった。

「現地を訪れると、必死に取り組んでいる生産者の方々の気持ちが伝わります。僕の役目は生豆の味を引き出し、お客さんはもちろん、生産者の方々にも喜んでもらうことだと思っています」

コーヒー豆そのものの味を表現するため、焦がさないよう焙煎に気をつかう。スペシャルティコーヒーをオリジナルでブレンドした豆で淹れるエスプレッソやカプチーノも、看板メニューだ。

(右)さまざまな地域の上質なスペシャルティコーヒー。(左上・下)伊東芳実さんと美恵子さんご夫妻が中心となり、若手のバリスタたちが育っている。

DATA

(住)群馬県桐生市相生町2-588-75 ☎0277-53-5053 (営)11～21時(喫茶は11時～) (休)月曜(祝日は営業)、臨時休業あり 東武線相老駅から徒歩7分 コーヒー豆のお取り寄せ可

取材・文／本吉恭子　撮影／村林千賀子

東日本編●愛知県・豊橋市

おしゃべり珈琲専門店 ほしの珈琲

3世代から愛され親しまれる豊橋の若きコーヒー伝導師

「目指すのはコーヒー通の人だけじゃなく、近隣で農家を営むご年配の方にも親しまれる一杯」

コーヒーのおいしさや魅力を地元の豊橋で伝えている星野瑞樹さん。理念に賛同した「珈琲工房ホリグチ」から世界最高レベルの豆を仕入れ、フジローヤルの5kg釜・直火式を相棒に焙煎する。

「大家族でも気軽に飲んでほしいので極力安くというのが僕の思い。日本一のコストパフォーマンスだと自負しています」

とコーヒーの豆売りは100g390円から。立て込んでくると提供時に多少時間がかかることもあるが、お客はみな笑顔。星野さんとの軽快な会話を楽しみながら心地よいひと時をのんびり待つ。

(上)オズワイルド農園のコロンビアやタンザニア・ブラックバーン農園のキリマンジャロなど6種類と、限定豆1種をローテーションで、直火式で焼く。

(右上)ペーパードリップで淹れるガテマラ(サンタカタリーナ農園)レギュラー400円。(下)コーヒーとの相性を考慮したさくさくのアップルパイ320円(セット)は奥様の手作り。(左)中挽きの豆の一粒一粒を溶かすイメージでゆっくり湯を注ぐ星野さん。

(右)ストレート、ブレンドの各6種を販売。ブレンドはすべて100g390円。

DATA

㊟愛知県豊橋市柱六番町116 ☎0532-37-5301 ㊞10～19時 ㊡水、第一火曜 JR豊橋駅から車で約6分 コーヒー豆のお取り寄せ可

東日本編●新潟県・新潟市

ルシュオーゾ

コーヒーは生き物 豆の鮮度がすべてを左右する

現在30歳。全国の有名店を訪ね歩くなかでスペシャルティコーヒーに感銘を受け、2年前、脱サラして故郷新潟に出店した稲月洋介さん。

「コーヒーは生き物。焙煎した豆は2週間、粉にしたら1週間が賞味期限です」

豆選びで重視するポイントは「キャラクターが明確に出ること」。新豆だけを輸入する理由もそこにある。豆はブラジル、グアテマラ、コロンビアなど世界12カ国から常時14種類以上を輸入。すべて新豆ならではの独特の香りや味わいを持った「キャラの立った」コーヒー豆だ。

もちろん、豆の個性を最大限引き出すよう、焙煎時間は豆ごとに設定。主張の強い1杯が多くのファンを魅了している。

(右上)焙煎はフジローヤル5kg釜を使用。午前中は毎日焙煎し、喫茶の営業は13時から。(上)LCFマンデリン450円。トロピカルフルーツやハーブの香味が特徴。(下)広々とした店内。

DATA

㊟新潟県新潟市美咲町1-8-15 ☎025-285-5221 ㊞10～20時(喫茶は13時～) ㊡水曜 JR新潟駅から車で15分 http://www.luxuoso.jp コーヒー豆のお取り寄せ可

(右中)豆は14種類を販売200g 900円～。ガス抜きバルブが付いた専用パック入り。「豆は生き物。焙煎した豆は2週間、粉にしたら1週間が賞味期限です」(右下)焙煎後はハンドピッキングで不要な豆を取り除く。(上)キャラクターが明確に表れる新豆だけを世界12か国から輸入。

ほしのコーヒー 取材・文／布施恵 撮影／川島英嗣
ルシュオーゾ 取材・文／森脇稔 撮影／小林和幸（rizmo-photo）

西日本編

●大阪府・大阪市

カフェ バーンホーフ

理論に基づき、正しいコーヒーの味を広める

「ホームコーヒーを広める店」として、スペシャルティをメインにした自家焙煎コーヒーを提供するカフェバーンホーフ。

「苦いとか酸味があるとか、生豆の種類で味がどうこうっていうのは間違い。コーヒーの正しい情報を発信していきたい」

と話すオーナーの安部利昭さんは、東京・南千住のバッハコーヒーの主、田口護さんにコーヒー理論を学んだひとり。

「大丸で33年間呉服の外商ひと筋に勤め、業界トップの売り上げだったこともあったんですが……。時代の流れもあって〝何か他の事を〟と思っている時に田口さんのことを知り、すぐに道を決めました」

呉服のプロフェッショナルだった安部さんは、コーヒーの味を追求した田口さんの理論の奥深さに共鳴したという。早速、会社の早期退職支援制度を利用して田口さんが講師を勤める辻調理師学校で学び、その後も2年間、月数回、田口さんの店に足を運んだ。

「ハンドピックをし、豆の持ち味を正確に引き出す。ペーパーでドリップするのはコーヒーの鮮度が最もわかるから」

そう話す安部さんに、職人としての誇りが感じられた。

(左)店はJR大阪環状線の高架下にある。(右下)リッチな香りとコクで、後味すっきりのバーンホーフブレンドの他、スペシャルティコーヒー6種を含む24種類が揃い、100gから販売。

(右)バーンホーフブレンド420円は大倉陶園のカップで。(中)ペーパードリップで煎り＆挽きたての味を。(左上)テーブル16席、カウンター7席。(左下)ケック・オ・フリュイ240円。

DATA

㊟大阪府大阪市福島区吉野1-14-8　☎06-6449-5075　㊎10〜20時30分　㊡不定　JR大阪環状線野田駅から徒歩3分　コーヒー豆・焼き菓子のお取り寄せ可
http://bahnhof.jp/

西日本編 ● 兵庫県・神戸市

樽珈屋

好みの味を的確に選ぶ珈琲職人の経験と技

　コーヒーチャートによって好みの味を探り出し、必要とあらばテイスティングによって確実に求めている味を提供する、それが「樽珈屋《たるこや》」のスタイル。オーナーの大平洋士さんは、この道30年のベテラン職人。焙煎に関わったのは27年前、樽珈屋として焙煎を始めて17年になる。

「おいしいコーヒーを修得するのに10年かかった」

　と笑顔で話す。

　小売りをメインにしているため、喫茶コーナーはカウンター6席のみだが、1杯一律500円ゆえ、ここでじっくり味わい、豆の味を確かめることができる。

　店頭に並ぶ豆は常時25種、そのほとんどがスペシャルティコーヒーだ。そんな中に今年、現地まで赴いて手に入れた極上の豆がある。

「極上のコロンビアで『モンロー』と名付けました。100g520円です」

　と大平さん。「家でおいしく飲んでほしい」というのが大平さんの一番の願いであり、要望があれば店頭でおいしい淹れ方をレクチャーするそうだ。スペシャルティコーヒーを気軽に愉しめるドリップパックも販売しており、人気を集めている。

(左)トアロード沿いの緑色の看板が目印。大平さんが焙煎をはじめるのは閉店後、ときには深夜まで作業が終わらないことも。「豆は鮮度が命」と焙煎後1週間経つと全て廃棄する。

(右)店内で飲むコーヒーは一律500円。(中)味を再現しやすいようにと、ペーパーでドリップ。(左上)店頭では豆の販売、奥にカウンター席がある。(左下)25種の多様な豆が揃う。

DATA

㊟兵庫県神戸市中央区下山手通2-5-4　深澤ビル1F　☎078-333-8533　㊢11～20時30分　㊡水曜　JR三ノ宮駅から徒歩10分　コーヒー豆のお取り寄せ可　http://www.tarukoya.jp

取材・文／角田多佳子　撮影／貝原弘次

(上)深煎りのブレンド・イタリアン(600円)は香り高く、後味にほのかな甘みを感じる重厚な一杯。(右下)ドリップに使用するネルは奥さんの手縫い。湯の流れが良いため、豆がふっくらと膨れあがる。(左下)人気のティラミス(500円)はトロ〜リとやわらかく、程よい甘さが口に広がる極上の一品だ。

(左)自慢のカウンターは、希少な国内産の桜の一枚板を使用。テーブル席もある。(左下)建物は洋館風の一軒家。湯の坪街道から九州湯布院民芸村に向かう途中にある。

DATA

㊟大分県由布市湯布院町川上1502-10　☎0977-84-5625　㊫9〜18時、水曜12時〜　㊡火曜　JR由布院駅からタクシーで約5分　コーヒー豆のお取り寄せ可

西日本編 ● 大分県・由布市

カフェ・ボンボヤージュ!

一期一会の思いを込めた観光地の自家焙煎ブレンド

叔母が米国に移民したことで、子供のころからコーヒーを飲んでいたという豊永泰弘さんは昭和11年生まれ。東京の有名ホテルで長年ホテルマンを勤めたのち故郷の大分県に戻り、1972年、中津市に「珈琲苑マシュマロ。」を開店した。その20年後、自身の療養のために訪れた湯布院温泉で、全国から集まる観光客においしいコーヒーを提供しようと開いたのが「カフェ・ボンボヤージュ!」だ。

「誰にも師事しなかった私は、全国の有名店をまわるなどして自分なりの経験を積みました。一番影響を受けたのは、銀座『カフェ・ド・ランブル』の店主関口さん（94歳）です。彼から多くを学び、コーヒーの味は良質の豆と焙煎で決まるという結論に至ったのです」

と豊永さん。今でも関口さんとは懇意にしており、ドリップ用のネルも関口さん考案の型を譲り受けて使用しているそう。「焙煎は時間をかけてはダメ。短時間で手早く仕上げるのがおいしさの秘訣です」

メニューは煎りの深さが異なる4つのブレンドがメイン。観光地にあるため、「一期一会に最高の味を」との思いを込めた一杯を提供してくれる。

取材・文／蔵迫ゆりこ　撮影／小平尚典

西日本編 ● 京都府・京都市

自家焙煎珈琲 カフェ・ヴェルディ

職人の目利きと技による“本物”の味に出会える店

「京都の商いは、材料を選ぶ目利き、最高の商品に仕上げる技、そして本当に良いものを作るという気概」

と話す「カフェヴェルディ」のオーナーの続木義也さん。続木さんは珈琲職人として「ハンドピック・正しい焙煎・鮮度」の3つを大切にしているという。

「最高級の生豆でも時として欠点豆が含まれていて、たった一粒でもカップ一杯のコーヒーが台無しになります。それぞれの豆の風合いを最大限に発揮できる焙煎度合いを見極め、鮮度を保てるよう計画的に焙煎しています」

ベスト・オブ・パナマなど常時20種あるストレートコーヒーの半数以上がスペシャルティ。豆ごとにカップを変えるなど“一杯”へのこだわりが随所に伺える。

(上)ヴェルディブレンド450円。表面はサクサク、中はしっとりの、バタートースト300円。手作りの苺ジャムが美味。(下)家でも味を再現できるペーパードリップでの抽出。

(上)店の奥にある工房で毎日昼前後に焙煎作業を行う。(下)下鴨本通に面したビルの1階にあり、駐車場も用意。店の奥に焙煎場があり珈琲の香りが店内に漂う。

DATA

㊟京都府京都市左京区下鴨芝本町49-24　アディー下鴨1F　☎075-706-8809　㊑8～19時（日曜・祝日は～18時）　㊡月曜（祝日の場合は営業）　市バス洛北高校前から徒歩1分　コーヒー豆のお取り寄せ可　http://www.verdi.jp

西日本編 ● 大阪府・大阪市

平岡珈琲店

日常生活に溶け込む一杯 愛し続けられる老舗の味

創業大正10年、大阪人に愛され続ける老舗「平岡珈琲店」。店の“顔”であるブレンドコーヒーを大切にしているため、季節ごとのスペシャルティコーヒーが味わえるのは土曜のみ。創業以来自家焙煎にこだわり、現在は週に2回、三代目の小川清さんが焙煎を行っている。近年、ブレンドコーヒーも代替わりして三代目の味になった。雑味のないシャープな味を追求してブレンドされたコーヒーの味は、ボイリング抽出法によって完成する。

「ボイリングは渋味やえぐ味など後から出る雑味をカットして豆の特徴だけを抽出でき、少量も多量も味が変わらない」

と小川さん。コーヒーと共に初代から伝わるレシピで手作りされているドーナツも、忘れずに味わいたい。

(上右)ドーナツは1個120円。(上左)ブレンドコーヒー320円。深煎りのグァテマラ、深&中煎りWローストのコロンビア、中煎りのジャヴァを合わせた苦み、シャープな後味。(左)カウンター6席、テーブル16席。壁面はギャラリーとして貸し出している。

DATA

㊟大阪府大阪市中央区瓦町3-6-11　☎06-6231-6020　㊑7時30分～18時（土曜は～13時）　㊡日曜・祝日　地下鉄御堂筋線本町駅から徒歩5分　コーヒー豆のお取り寄せ可　http://www.hiraoka-coffee.com

取材・文／角田多佳子　撮影／宮前祥子（カフェ・ヴェルディ）、貝原弘次（平岡珈琲店）

Part 5

心温まる東京・下町でスペシャルティコーヒーを愉しむ

東京の下町には、散歩をするのにちょうどいい路地や風情あるお寺などがある。下町情緒を楽しんだら、美味しいスペシャルティコーヒーで出迎えてくれるカフェでひと息。

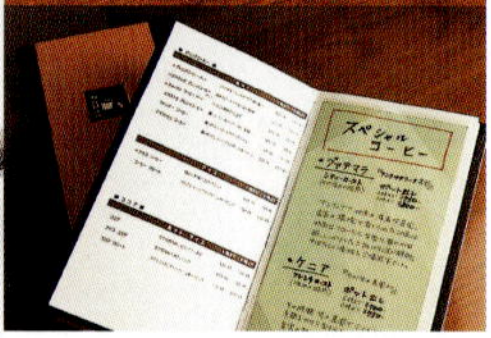

(右上)主人の山田さんが一杯ずつ丁寧に淹れる。(右中)ブレンドの豆の配合は堀口俊英さんと相談して決めた。(右下)メニューは、「スペシャルコーヒー」のグアテマラ750円、ケニア700円など。(左)ブレンドコーヒー(ポット)650円。

東日本編●東京都・根津

NOMAD

〝のんびりムード〟が漂う根津のおいしいコーヒーの店

池之端で営業していたジャズ・バーを閉め、文京区・根津でカフェを開くにあたって、主人の山田よういちさんが選んだのは、「珈琲工房HORIGUCHI」の豆だった。

「自分が飲んでいたコーヒーと、店で毎日提供するものは違うと思いまして、全国から豆を取り寄せて試飲しているときに、この豆に出会いました。好みの深煎りの豆はどうしても焦げ臭いものになりがちなんですが、ここの豆は焙煎がしっかりしているのに香り高く、焦げ臭さがほとんどなかったんです」

ブレンドの豆の配合は堀口俊英さんと相談して決めた。お湯は沸騰したものに湯冷ましを加えて、温度を調節。クリーミィな泡を立てながらじっくり旨味と風味を抽出する。1人前は200ccをポットで供する。

開店は14時といたってゆっくり。そのぶん、夜でも淹れたてのコーヒーを楽しめるのがありがたい。混み合う週末を避けて、平日の遅い午後、お気に入りの本を抱えて一人過ごすのもわるくない。

(右上)奥さまのようこさんがつくる自家製のサワーチーズケーキ420円。エスプレッソに泡立てたチョコミルクをのせたカフェ・モカ680円。(左上)本や雑誌がきれいに並ぶ。

DATA

東京都文京区根津2-19-5
☎03-3822-2341　㊎14～23時　㊡水曜、第1・3火曜
31席　地下鉄根津駅1番出口より徒歩1分。
※18時以降は、コーヒーを含むソフトドリンクの値段はすべて50円増し。

取材・文／瀬川慧　撮影／早野知子

（上）昭和の香りが残る八丁堀。（右下）カプチーノ400円。エスプレッソ用ブレンド豆を使用。（左中）97年に創業した関口善也さん。

東日本編 ● 東京都・八丁堀

めいぷる

小さな印刷工場の跡地でスペシャルティコーヒーを焙煎

八丁堀といえばいまや都心のオフィス街だが、昭和50年代は木造2階建ての建物が並んでいた。とりわけ印刷業を営む小さな工場兼住宅が多く、日中はガチャンガチャンと働く印刷機の音が町にあふれていたという。

「父もかつてはここで小さな印刷工場を営んでいまして、閉鎖した後に私が喫茶店を開きました。スペシャルティコーヒーに出会ったのは2000年頃。柑橘系やチョコレートのような香味、すっと消えていく甘味など、さまざまな個性ある美味しさに驚き、自家焙煎にのめり込みました」

とオーナーの関口善也さん。焙煎は店内で。香りの変化をつねに確認しつつ、豆によって焙煎の深さを調整する。

フレンチプレスで淹れたカフェめいぷるを飲めば、チョコレートの甘さとスパイスを思わせる香り、とろりとしたこく。スペシャルティコーヒーの実力を余すところなく味わえる。

（上）「フレンチプレスはコーヒー豆のすべてが出てしまう淹れ方。そっと湯を注ぐとやさしい味になるようです」。（左上）カフェめいぷる450円。抽出方法はフレンチプレス。（下中）各国から届く最上級のスペシャルティコーヒー豆。持ち帰りやギフトにもできる。

DATA

㊟東京都中央区八丁堀2-22-8　内外ビル1F ☎03-3553-1022　㊢8～18時30分　㊡土・日曜、祝日 東京メトロ八丁堀駅から徒歩1分 コーヒー豆のお取り寄せ可
www.cafe-maple.com※松戸店もあり

東日本編 ● 東京都・浅草

珈琲 天国

浅草寺参詣の後は一杯のコーヒーで極楽気分

古びた味わいがにじむレンガ壁に、天国印の手描きテント。下町に溶け込むレトロムードたっぷりの佇まいながら、2005年6月開業という新参の店だ。北海道出身のオーナー上野留美さんが、ひとりで店を切り盛りする。

「以前から浅草が好きで、よく訪れていました。散歩の途中で偶然見つけたのが、空き家となっていたこの店です」

浅草は昔ながらの喫茶店が多い町だ。上野さんがこの土地に惹かれるのは、新旧文化を受け入れてくれる懐の深さ、「何でもあり」な雰囲気だという。注文後に豆を挽いてドリップ、という浅草では珍しいスタイルで淹れられるスペシャルティコーヒーが評判を呼び、最近では毎日、自分のカップを持参する近所の人もいる。コーヒーとともに味わいたいのが、注文を受けてから生地を混ぜ、銅板で美しい黄金色に焼かれたふわふわのホットケーキ。やさしい甘さとバターの香りが、香味豊かなコーヒーを引き立てる。

（上）お店は上野さんひとりで切り盛り。「お客様がみえたら何をしていても気がつくように」と、扉には呼び鈴がついている。（右下）浅草寺の裏手にある「天国」。（左下）外観のレンガが懐かしい雰囲気。

（上・右下）コーヒーは、天国オリジナルブレンドコーヒー450円（ホット・アイス）のみ。（下中）ほぼ毎日マイカップを持ってやって来る、向かいの天ぷら屋のご主人。（下左）ホットケーキ500円も看板メニュー。香ばしくコーヒーによく合う。

DATA

㊟東京都台東区浅草1-41-9 ☎03-5828-0591　㊢12～18時30分　㊡火曜　東京メトロ銀座線浅草駅から徒歩7分　コーヒー豆のお取り寄せ不可

 取材・文／本吉恭子　撮影／早野知子（めいぷる）、村林千賀子（珈琲 天国）

Part 6

古都のよさを残しながらアイデアをプラスした

京都の喫茶文化を継承する珈琲処

古くから文化人や芸術家、そして地元の人々によって育まれてきた京都の喫茶文化。そこでの時間を愉しむ京都ならではのスタイルを受け継ぎながら、自家焙煎の味わい深いコーヒーにこだわる新顔3店をご紹介しよう。

西日本編

●京都市・中京区

珈琲工房 てらまち

理屈でなく味を追求する「街のコーヒー相談所」

「とにかくおいしく飲んでもらいたいだけ」と話すオーナーの寺町靖之さん。それゆえに選んだのが熱風式焙煎機。「100gだけでも焙煎できるので、〝もうちょっと深めがいい〟という細かな要望にもすぐ応えられるんです」

店での抽出はペーパードリップ方式だが、ニーズを聞いて好みに合う抽出法をレクチャーすることも。

「コーヒーの油脂分に含まれている甘味や旨味の成分がペーパーだと濾過されて味がクリアになります。ペーパーレスのフレンチプレスですると、豆の持つ100%のポテンシャルを味わうことができるんです」

実際に飲み比べてみると、同種の豆で印象が全く違う。その年収穫されたコーヒーで世界中の専門家が良質だと認めた豆を伝え、そして幾通りもあるコーヒーの愉しみ方を伝えること、それが「自家焙煎屋の役割だと思う」と寺町さんは話す。

(右上)京焼のカップは口が外側に開き、コーヒーが口の中全体に広がるように考えて作られている。(右下)気さくなオーナーの寺町さん。(左上)ガラス張りで焙煎の様子が眺められる熱風式焙煎機。(左中)常時24種ほどの豆が揃う。ドリップパック(1個80円〜)も用意。(左下)明治43年に建てられた町家を改修した店内。2階は座敷席もある。

DATA

㊟京都府京都市中京区三条通大宮西入上瓦町64-26 ☎075-821-6323 ㊋9〜20時(土・日曜、祝日は8時〜) 不定休 JR二条駅から徒歩15分 コーヒー豆のお取り寄せ可 http://coffee-teramachi.ocnk.net/

(右)元は家具工場だった店内。北欧のチャーチチェアと手作りのテーブルはゆったりサイズでくつろげる。(中・左)Wペーパーでドリップし丁寧に淹れられるブレンドコーヒー470円。手作りガトーショコラ450円。コーヒー豆の計り売りは100g470円〜。

西日本編 ●京都市・上京区

かもがわカフェ

京都の喫茶文化を伝承し職人として味を追求

「かもがわカフェ」のオーナー高山大輔さんは手間をかけて味を極める珈琲職人。「ハンドロースターを使っているんですが、不備が出てきて煙突やカバーを付けたり。どんどん手をかけたくなる」

コーヒー豆にも徹底的に手をかける。ハンドピックにも余念がない。「どうしても見逃してしまうので」と、生豆を2回、焙煎後に2回、計4回入念に行う。

「コーヒーは嗜好品。僕はさりげなくすっきりと飲めるけどインパクトのある、毎日飲めるコーヒーを目指している」と高山さん。そこに暮らす人たちの生活の中に存在し、京都の伝統ある喫茶文化を受け継ぐ新世代の店。そこには毎日飲みたくなるコーヒーがある。

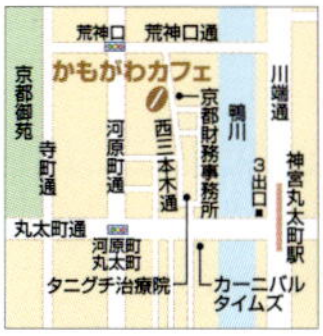

DATA

㊟京都府京都市上京区三本木通荒神口下ル上生洲町229-1　☎075-211-4757　㊖12〜23時　㊡木曜　京阪丸太町駅から徒歩10分　コーヒー豆のお取り寄せ可　http://www.cafe-kamogawa.com

西日本編 ●京都市・中京区

びーんず亭

スタンドとあなどるなかれ、味は自家焙煎の本格派

京都の台所・錦市場の西の入口脇にある「びーんず亭」。スタンディングスタイルの小さな店ながら、スペシャルティをメインに客の要望に細やかに応える多様なブレンド種を揃える自家焙煎珈琲の店。「こういうスタイルの店ですが、マシンに頼らず本格的な味を提供したかった」

とオーナーの田中保彦さん。市内にある焙煎所で焙煎した豆をオーダーごとに挽き、1杯ずつペーパードリップで丁寧に淹れる。コロンビアSPエスメラルダ、ドミニカ・カリビアンクイーンなどスペシャルティの豆をブレンドした「ぐるめぶれんど」が1杯290円（豆は100g500円）で味わえる。深い味わいですっきりとした後味の極上の1杯を片手に京都の街を散策したい。

DATA

㊟京都府京都市中京区高倉通錦小路下ル　☎075-213-1445　㊖10〜19時（日曜、祝日11時〜18時30分）無休　阪急烏丸駅から徒歩3分　コーヒー豆のお取り寄せ可　http://www.beanstei.com

(右)テイクアウトも可能で、店頭で飲むのと同じく1杯290円、アイスコーヒーは320円、手作りクッキー付き。(中右)オーダーごとにペーパードリップで淹れる。(中左)豆は常時17種、生豆での販売可。(左)錦市場に店を構える旦那衆にも贔屓が多い。「味に厳しいお客さんに鍛えられている」と田中さん。

取材・文／角田多佳子　撮影／宮前祥子

極上の豆、卓越した焙煎技術。自宅でおいしく飲めるコーヒー豆が勢揃い！

本当においしいコーヒー豆が買える全国お取り寄せショップ30

貴重なスペシャルティコーヒー専門店から、独自のブレンドにこだわるお店まで、おいしいコーヒー豆が買えるお店を全国より厳選。自分にあった味わいを見つけてほしい。

取材・文／高橋佐代　撮影／井戸宙烈

徳島県徳島市

aalto coffee

〔アアルトコーヒー〕

庄野雄治さんが求めるおいしいコーヒー豆とは

オープンして約2年半、いまや全国のコーヒー好きから注文が入る『アアルトコーヒー』。「おいしいコーヒーを自宅で楽しんでほしい」という想いからうまれるコーヒー豆は、どんな魅力をもっているのか。

「毎日楽しむ」にふさわしい癒されるような優しい味

徳島市にあるシンプルな店構えのカフェ。店内にあるのは数えるほどのテーブル席と、ずらりと並んだコーヒー豆。店に焙煎機はなく、オーナーの庄野雄治さんもコーヒーについてあれこれ多くを語る人ではない。肩の力が抜けるようなお店だが、今ここのコーヒーを愛する人が日本全国に増加している。

庄野さんがコーヒーに興味を抱いたのは旅行会社勤務の会社員時代。店によってコーヒーの味が違うことに面白さを感じはじめ、自らの好きな味を作りたいと思うようになっていった。素人同然ながら高額な焙煎機を購入し、神戸にいる師匠から助言を受けながら、自らの経験による独学で焙煎技術を身につけた。

「焙煎を始めた当初は、こまめに火力やガスの調整をしていました。でも、おいしい豆が全くできなかったんです。それを神戸の師匠に話すと『豆そのものを見ていないのに、おいしくなるわけがない』と言われハッと目が覚めました」

そう昔を振り返る庄野さん。今は豆を焙く間、機械には手を触れずにただじっとその時を待っている。

「とても品質の良いスペシャルティコーヒーなので、豆のハンドピックにほとんど時間がかかりません。焙煎機もカスタマイズして、バーナーの火口を通常よりも増やして火力を上げ、さらに熱伝導を良くするために釜を二重にしていま

アアルトブレンド450円。一口ふくめば、庄野さんが言う「優しいコーヒー」の姿が見えてくる。

（左）保管用にも使えるジッパー付きパッケージで販売。袋内のガス抜きを施して発送される。（右）庄野さんが使うのは、ペーパードリップを発案した、メリタのドリッパー。

焙煎したての豆を販売するため、焙くのは2～3日間で売り切れる量のみ。朝5時ごろから始まる2時間半の焙煎作業は、庄野さんの日課となっている。

コロンビア（上）、アルヴァーブレンド（中央）、マンデリン（下）など、豆は10種。選び手が価格に左右されないよう一律900円（200g）／1350円（300g）／2000円（500g）に設定（ブルーマウンテンは除く）。

シンプルなインテリアの店内。店名の由来となった「アアルト」デザインの椅子も並ぶ。

㊟徳島県徳島市南田宮2-3-111
☎088-632-9088
FAX088-634-3038
http://aaltocoffee.com/
㊫10～19時 ㊡日曜 カフェ有り

豆の注文…TEL、FAX、メールinfo@aaltocoffee.com
支払い…郵便振替、銀行振込

自宅の倉庫内にある焙煎機。理想の豆に仕上がるよう、バーナーの本数を増やすなどさまざまなカスタマイズがされている。

す。豆も焙煎機も良いので、私はほとんどお手伝いしているようなもの。焙煎中は豆の音に耳を澄ますだけです。火が通ると豆が跳ね出して、焙煎機の中で音を立てるんです。『今、出してくれ！』って言ってるみたいですね」

焙煎後のコーヒーが販売されるのは3日間というわずかな期間。「購入後から使い切るまでの時間を含めて考えると、店に3日以上あるものは販売できない」という、消費者側の立場が長かった庄野さんならではの結論だ。

「豆は鮮度が大切なので、200gを2週間ほどで飲みきるのがいいと思います。豆は飲む直前に挽いてください。スペシャルティコーヒーなので、粗めに挽くとおいしさがしっかり出ますよ。私はドリッパーですが、コーヒーメーカーでも充分おいしいと思います」

庄野さんの淹れたコーヒーからは、深呼吸で楽しみたくなるような豊かな香りが広がってきた。飲んでみるとコーヒーの概念を覆すような、驚くほど優しい味わい。豆の旨味を漂わせながらも、喉を通った後にはスーッと味覚がクリアになっていく。嫌みがないおいしさは、一日に何度飲んでも飽きが来ないだろう。

「私にとってコーヒーは『日常品』なんです。だから、味、淹れ方、価格などすべてにおいて、飲む人に負担にならないものであってほしい」

肩の力を抜いてコーヒーと向き合う庄野さんだからこそ、なにげない「毎日」に馴染む味が生み出せるのかもしれない。

人気ショップおすすめ
冬においしいコーヒー豆リスト

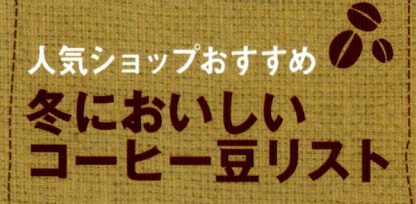

全国の人気コーヒー豆専門店に聞いた、
この冬におすすめのコーヒー豆。
オーナーの個性やこだわりを味わって。

取材・文／本吉恭子　撮影／早野知子

冬においしいコーヒー豆

ホンジュラス　ロス・トレス・フアネス
2009年ホンジュラスCOE入賞。バニラや黒スグリ、オレンジのようなフレッシュな風味。100g588円。

秋田県秋田市
ナガハマコーヒー

「秋田の朝はナガハマコーヒーから……」をキャッチフレーズに、地元で親しまれるロースターを目指している。各国の審査会にも審査員として参加し、スペシャルティコーヒーの魅力を地域の人に伝えている。品評会入賞豆をはじめ、高品質の生豆を仕入れ、丁寧に焙煎している。秋田市内にオープンカフェなど5店舗の直営店がある。

人気のコーヒー豆ベスト3
1. ナガハマブレンド '08
2. オレンジチョコレートブレンド
3. ニカラグア「パカマラ・デ・カサブランカ」

㊟秋田県秋田市外旭川小谷地110-1
☎018-869-7666 FAX018-869-7667
http://www.ncafe.co.jp　㊢9〜17時（カフェ8〜21時）　㊡土・日・祝日（カフェは無休）カフェあり

豆の注文…TEL、FAX、ネット、メール info@ncafe.co.jp　支払い…代引き、郵便振替、銀行振込、クレジット

冬においしいコーヒー豆

グァテマラ　ウィッツ・マティグ農園
みずみずしい心地の良い酸味があり、フルーツや花の香りが印象的。200g1000円。

秋田県湯沢市
caffe gita

山の中に隠れるように佇んでいるスペシャルティコーヒーの専門店。「コーヒーの美味しさは、いくつもの要素から織りなされる芸術的なもの。スペシャルティコーヒーの可能性を広めたい一心で日々勉強しています」とご主人の田村寛維さん。素直に豆のもつ個性を開花させるよう、適切な火力、排気、時間のバランスに気を配り、焙煎している。

人気のコーヒー豆ベスト3
1. カフェジータブレンド
2. グァテマラ　ウィッツマティグ農園
3. マンデリン　ブルーリントン

㊟秋田県湯沢市相川字中山26
☎&FAX0183-79-3260
http://www.caffe-gita.com
㊢10〜18時　㊡木曜　カフェあり

豆の注文…TEL、FAX、ネット、メール info@caffe-gita.com
支払い…郵便振替

冬においしいコーヒー豆

横井の冬
まろやかさと甘さの余韻が魅力。ミルクとの相性もよい。12月〜2月末限定。250g1260円。

北海道札幌市
工房横井珈琲

2008年9月にリニューアルした、スペシャルティコーヒー豆専門店。生産者との信頼関係を大切にし、各国品評会や国際インターネットオークションなどを通じて、店主の横井力さんが感動した豆を買い付け。店内ではフレンチプレスで抽出したコーヒーや、エスプレッソドリンクを味わえる。店でコーヒー豆を購入すると、カプチーノ無料サービス。

人気のコーヒー豆ベスト3
1. 季節のブレンド（四半期ごとに発売）
2. いつものさんばん
3. グァテマラまたは、コスタリカ

㊟北海道札幌市西区発寒9条11丁目2番11号　☎011-667-1250
FAX011-667-1261　http://www.yokoi-coffee.com　㊢10〜19時
㊡火曜（祝日は営業）　カフェなし

豆の注文…TEL、FAX、メールinfo@yokoi-coffee.com　支払い…代引き、郵便振替、コンビニ決済

冬においしいコーヒー豆

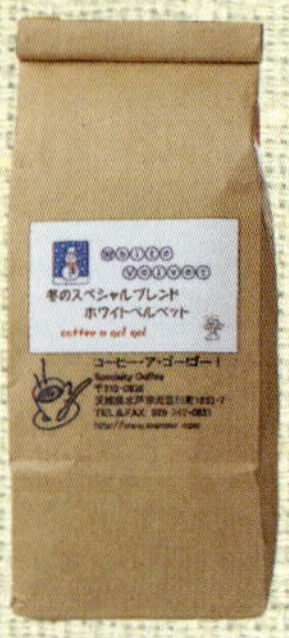

ホワイト・ベルベット
ダークチョコレートを思わせる風味と甘みもつブレンド。250g1050円、500g1575円。

茨城県水戸市
コーヒー・ア・ゴー！ゴー！

東京での会社員時代、給料の大部分をコーヒーに費やし、その魅力にのめりこんだご主人の片岡雅宏さんが、故郷の水戸に開いた店。常時約16種類を焙煎。試飲しながらコーヒーを選べる。「スペシャルティコーヒーに出会い、感動しました。ふわんと広がる甘い香り、フルーツのようなみずみずしさなど、さまざまな個性あるコーヒーを紹介したいと思っています」

人気のコーヒー豆ベスト3
1. 陽だまりカフェ
2. グアテマラ・ニルマ・マルティネス
3. 季節のブレンド

㊟茨城県水戸市元吉田町1683-7
☎&FAX029-247-0851
http://www.mameuri.com
㊢10〜19時　㊡日・祝　カフェなし

豆の注文…TEL、FAX、ネット、メール wolf@mameuri.com
支払い…代引き、郵便振替、銀行振込

冬においしいコーヒー豆

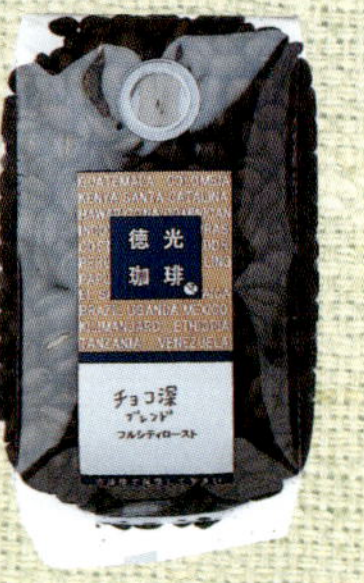

チョコ深ブレンド（フルシティーロースト）
こくと甘さ、余韻がショコラを思わせる一番人気のブレンド。200g1050円。

北海道石狩市
徳光珈琲

14坪のスペースに豆売り、喫茶、ローストのスペースがあり、つねに新鮮なコーヒー豆を提供。コーヒーの魅力にのめり込んで脱サラしたご主人の徳光康宏さんが、毎年、産地を訪れて生産者と触れ合い、高品質なコーヒー豆を仕入れている。「コーヒー豆は農産物。その素晴らしい素材の個性を生かすため、香りを包み込むような焙煎を意識しています」

人気のコーヒー豆ベスト3
1. エチオピア イルガチェフェエリア
2. インドネシア リントンニフタエリア
3. グァテマラ　サンタカタリーナ農園

㊟北海道石狩市花川南2条3丁目185
☎0133-62-8030
FAX0133-73-3113　http://tokumitsu-coffee.com　㊢10〜18時　㊡火・水曜
カフェあり

豆の注文…TEL、FAX、ネット、メール tokucafe@nifty.com　支払い…代引き、郵便振替、銀行振込、クレジット

冬においしいコーヒー豆

ウィンターブレンド
暖炉の前で寛ぐ冬の夜をイメージ。コクとダークチョコレートのフレーバーを感じる。100g550円。

東京都大田区
南青山マメーズ

日本ではほとんど見かけないイタリアSTA社のマシンで焙煎する、スペシャルティコーヒー豆の専門店。じっくり、しっかりと熱を加えることでそれぞれのコーヒー豆がもつ個性的な風味を引き出す。焙煎後5日以内の鮮度よい豆だけを焙煎日を明記して販売。ブレンドは、目の前で合わせる「完全アフターミックス」。国際オークションで落札する、限定コーヒーも登場。

人気のコーヒー豆ベスト3

1. **バニーマタルブレンド**
2. **季節のブレンド**
3. **フレンチブレンド**

㊟東京都大田区蒲田1-18-5
☎03-5710-7601
FAX03-5710-7620　http://www.mames.jp　㊎11～20時　㊡水曜、年末年始、お盆　カフェなし

豆の注文…FAX、ネット、メールinfo@mames.jp　支払い…代引き、郵便振替、コンビニ決済、銀行振込、クレジット

冬においしいコーヒー豆

エルサルバドル　サンタエレナ農園
チョコレートやキャラメルを思わせる甘い風味。250g1260円、500g1890円。

千葉県四街道市
たべいコーヒー

2009年1月、千葉市から移転オープンのスペシャルティコーヒー豆専門店。常時12種類ほどそろう豆は、仲間とともに農園から買い付けているもの。良質なコーヒー豆を毎朝ローストしている。「農園から送られてくるサンプルの豆のなかから、際立つ風味、さわやかな酸味、クリーンな甘さが感じられる豆を選んでいます」とご主人の田部井直樹さん。

人気のコーヒー豆ベスト3

1. **ブラジル　サマンバイア農園**
2. **わかば**
3. **グアテマラ**

㊟千葉県四街道市美しが丘1-16-18-101
FREE DIAL 0120-175-186
http://www.tabeicoffee.com　㊎10～19時　㊡日曜 カフェなし

豆の注文…TEL、ネット、メール n-tabei@mth.biglobe.ne.jp
支払い…郵便振替

冬においしいコーヒー豆

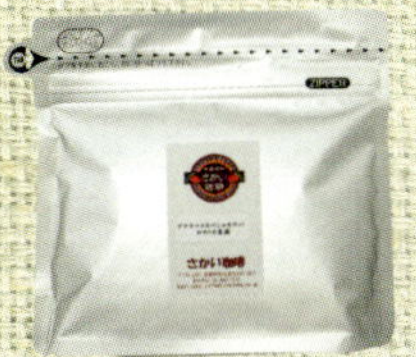

グアテマラ　スペシャルロットロサリオ農園
フローラル、チョコレートの風味。ハチミツのような甘味とさわやかな質感。200g1050円、500g1840円。

東京都練馬区
さかい珈琲

ご主人の阪井寛治さんは、40年間コーヒー会社に勤務し、スペシャルティコーヒーを担当していた熟練のプロ。退社後、「スペシャルティコーヒーの感動をもっと伝えたい」と、カフェスペースのある豆売り店を開業。会社時代に築いたネットワークを生かし、商社が扱わない稀少な豆を直接産地から購入している。2ヵ月に1度、無料のコーヒー教室を開催。

人気のコーヒー豆ベスト3

1. **グアテマラ　ロサリオ農園**
2. **コスタリカ　ドンパブロ**
3. **ケニア　テカング農園**

㊟東京都練馬区北町8-33-8
☎&FAX03-3936-0023
http://members3.jcom.home.ne.jp/sakai_coffee/　㊎10～19時半　㊡月・第2・4火曜　カフェあり

豆の注文…TEL、FAX、ネット、メール sakai_coffee@jcom.home.ne.jp
支払い…代引き、郵便振替

冬においしいコーヒー豆

スペシャルティブレンド　まろやか
口に含んだ時の、甘みをともなうまろやかさを追求。200g980円。

東京都世田谷区
モカジャバ

2000年に開店した、豆売りの店。世界の優良農園から共同購入した個性豊かなスペシャルティコーヒー豆を扱っている。ご主人の近石勇人さんは15年ほど前、自家焙煎店のコーヒーに初めて出会い、その味わいに感動してコーヒーの勉強を始めた。「コーヒー好きの自分が納得できる豆だけを販売。焙煎前後のハンドピックなど地道な作業も大切にしています」

人気のコーヒー豆ベスト3

1. **こくこくブレンド**
2. **スペシャルティブレンド まろやか**
3. **モカジャバブレンド**

㊟東京都世田谷区南烏山6-27-9-101
FREE DIAL 0120-352-453
FAX03-5315-5229
http://www.mokajava.co.jp
㊎10～20時　㊡水曜　カフェなし

豆の注文…TEL、FAX、ネット、メール shopmaster@mokajava.co.jp
支払い…代引き、郵便振替、銀行振込、イーバンク、クレジット

冬においしいコーヒー豆

ニカラグア・ジャバニカ
ワインのような果実感あふれる透き通った味わい。500g1450円。

神奈川県横浜市
フレッシュロースター　珈琲問屋

「どこよりも新鮮なコーヒー豆を提供したい」との思いから、たどりついた答えは注文ごとに焙煎するスタイル。コーヒー豆を選び、好みの焙煎を伝えるとその場で焙煎してくれる。常時125種類の生豆をストックし「問屋」の名前の通り、お値打ち価格で販売。横浜本店ほか埼玉、千葉など10店舗があり、それぞれの店で自家焙煎。

人気のコーヒー豆ベスト3

1. **マンデリン G1**
2. **ガテマラ SHB**
3. **キリマンジャロ AA**

㊟神奈川県横浜市保土ヶ谷区天王町1-27-6　☎045-334-0203
FAX045-331-7776　http://www.tonya.co.jp ㊎9～19時 無休 カフェあり

豆の注文…TEL、FAX、ネット、メール master@tonya.co.jp　支払い…代引き、銀行振込、クレジット（一万円以下のみ郵便振替兼コンビニ決済可）

冬においしいコーヒー豆

深煎り・グアテマラ（ウエウエテナンゴ地区）ラ エスペランサ農園
豊かなこくと深い味わい。200g900円。

東京都葛飾区
コーヒーの木

国際品評会で入賞した豆をはじめ、生産者の情熱が感じられる豆だけを選りすぐり仕入れている。「コーヒー焙煎はドラマ。カップの中にすべてのストーリーが凝縮されています」と、店主の杉山黎さん。それぞれの農園のテロワール（風味特性）を、最大限に引き出すよう、焙煎に挑んでいる。試飲コーナーでは、その時期におすすめのコーヒーを楽しめる。

人気のコーヒー豆ベスト3

1. **コーヒーの木ブレンド（ハウスブレンド）**
2. **その月のサービスの豆**
3. **旬のコーヒーセット**

㊟東京都葛飾区水元3-10-21
☎03-5660-1688
FAX03-5660-0318
㊎10～18時　㊡月曜　カフェなし

豆の注文…TEL、FAX、メール coffee.tree@nifty.com
支払い…郵便振替

冬においしいコーヒー豆

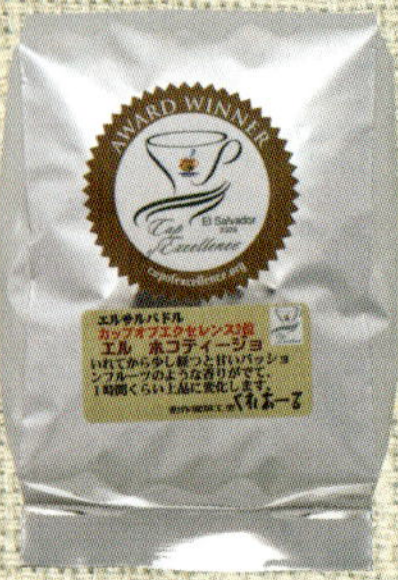

エルサルバドル　エル・ホコティージョ
2009年エルサルバドル　カップ・オブ・エクセレンス第2位。甘いパッションフルーツの様な香り。100g980円、300g2550円。

静岡県静岡市
創作珈琲工房くれあーる

30年ほど前、学生ながら「美味しいコーヒーが飲みたい」という一心で手網焙煎からスタートしたというご主人の内田一也さん。現在はビーンズショップのグループ「珈琲の味方塾」のメンバーとして、世界のスペシャルティコーヒーを共同購入。「収穫されてから、できるだけ時間の経っていない生豆を焙煎、販売したいと思っています」と内田さん。

人気のコーヒー豆ベスト3

1. **くれあーるNO.1ブレンド**
2. **その時期おすすめのシングルオリジン**
3. **インドネシアマンデリン**

㊟静岡県静岡市駿河区八幡3-5-4
☎054-654-8302
FAX054-340-8078
http://uchidacoffee.com/
㊠10～20時　㊡日曜　カフェなし

豆の注文…TEL、FAX、ネット、メール
CYR02373@nifty.com
支払い…代引き、郵便振替

冬においしいコーヒー豆

TERA'S　ハウスブレンド
スペシャルティコーヒーの香りと奥深いこくを味わえる。200g880円。

神奈川県横浜市
TERA COFFEE

ご主人、寺嶋典孝さんの手の届く範囲でコーヒーを焙煎する小さな店。いい生豆を追求するため大切にしているのは、毎年産地を訪れ、農園とのパートナーシップを築くこと。その年に収穫された新豆をカッピングし、高い評価を得た豆だけをLCF共同で買い付けている。「人に贈って喜ばれるコーヒー」をコンセプトにした、職人手作りのギフト箱やパッケージも人気。

人気のコーヒー豆ベスト3

1. **ふかいりブレンド**
2. **TERA'S ハウスブレンド**
3. **エチオピア ナチュラル イルガチェフェ ミスティバレー**

㊟神奈川県横浜市神奈川区白楽129
☎&FAX045-309-8686
http://www.teracoffee.jp
㊠11～20時　㊡月・第2日曜（月曜祝日は営業、翌日が休）　カフェなし

豆の注文…TEL、FAX、ネット、メールinfo@teracoffee.jp 支払い…代引き、郵便振替、コンビニ決済、銀行振込、クレジット

冬においしいコーヒー豆

カフェ・オリオン（冬のブレンド）
ベリー系の甘い香りに、ビターチョコのような味わい。250g1090円、500g1600円。

静岡県浜松市
コーヒー屋ポンポン

「珈琲の味方塾」のメンバーとして、生産地から直接共同で買い付けたスペシャルティコーヒーを自家焙煎。「産地や農園名にこだわらず、豆そのものの個性を評価。必ずカッピングをして、納得できるコーヒーだけを販売しています」とご主人の羽田圭伸さん。店内でエスプレッソまたはカプチーノを無料サービス。

人気のコーヒー豆ベスト3

1. **ポンポンブレンド**
2. **季節のブレンド**
3. **カフェ・ビンテージ**

㊟静岡県浜松市中区元目町121-14
☎&FAX053-454-3588
http://www.ponponcoffee.com
㊠10～19時　㊡火曜、第3水曜　カフェなし

豆の注文…TEL、FAX、ネット、メール
ponpon@hat.hi-ho.ne.jp
支払い…代引き、郵便振替、銀行振込

冬においしいコーヒー豆

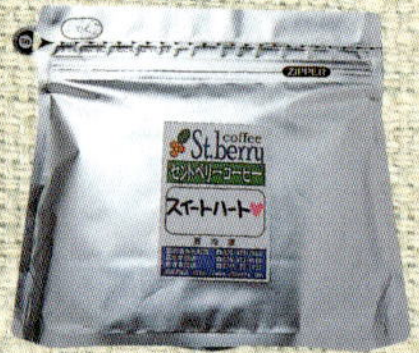

スイートハート
チョコレートやフルーツを思わせる風味。甘い余韻が残る。250g1500円、500g2250円。

富山県富山市
セントベリーコーヒー

国際品評会カップ・オブ・エクセレンスの国際審査員を務めるご主人の富川義之さんが、自らカッピングをして、しっかりとした個性をもつ生豆だけを買い付けて販売している。「美味しいコーヒーを追求するうち、自家焙煎にたどりつきました。スペシャルティコーヒーの特徴を引き出すよう、日々研究しています」。バリスタ育成にも力を注ぐ。

人気のコーヒー豆ベスト3

1. **ハウスブレンド**
2. **セントブレンド**
3. **クラシックブレンド**

㊟富山県富山市清水元町1-18
☎076-420-7155
FAX076-420-7156
http://www.stberry.com
㊠10～19時　㊡水曜　カフェなし

豆の注文…TEL、FAX、ネット、メール
info@stberry.com
支払い…代引き、郵便振替、銀行振込

冬においしいコーヒー豆

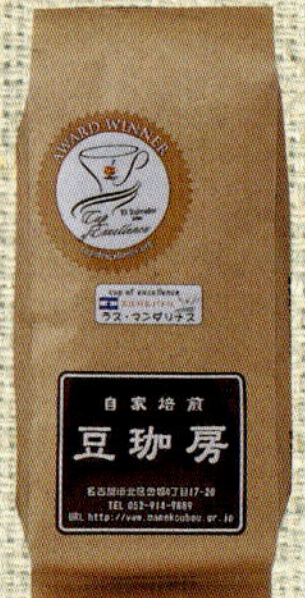

エルサルバドル　ラス　マンダリナス
2008年カップ・オブ・エクセレンス入賞。ドライフルーツのような果実味。250g1600円。

愛知県名古屋市
豆珈房

夫婦2人で営むスペシャルティコーヒー豆専門店。「おうちカフェ」を合言葉に、家庭で美味しく飲むコーヒーを提案。焙煎で心がけていることは水分をきちんと抜いて、それぞれの豆の香味を花開かせること。コーヒーを愛する夫婦が、その魅力や美味しく淹れるこつなども教えてくれる。HPでのインターネット販売にも力を入れている。

人気のコーヒー豆ベスト3

1. **和**
2. **季節のブレンド**
3. **ブラジル**

㊟愛知県名古屋市北区金城4-17-20　イオラニガーデン3 1F
☎052-914-9889
FAX052-914-9899
http://www.mamekoubou.gr.jp/
㊠11～19時　㊡水曜　カフェなし

豆の注文…TEL、FAX、ネット、メール
taniguchi@mamekoubou.gr.jp
支払い…代引き、郵便振替、コンビニ決済、銀行振込、クレジット

冬においしいコーヒー豆

山田珈琲（深煎り）
チョコレートのようなコクと甘さの中にフルーツ感のあるオリジナルブレンド。250g1102円。

岐阜県岐阜市
山田珈琲

ご主人の山田英二さんは、日本人初のWBC（ワールド・バリスタ・チャンピオンシップ）の国際審査員であり、カップ・オブ・エクセレンスの国際審査員としても活躍。東京のコーヒー店で焙煎と抽出を学んだのち、故郷の岐阜に戻り開業した。店内に置かれたドイツ製焙煎機プロバットで、選びぬいたスペシャルティコーヒーを毎日焙煎している。

人気のコーヒー豆ベスト3

1. **特旬セット**
2. **山田珈琲**
3. **ダークロースト・ラテ**

㊟岐阜県岐阜市福光東1-25-3
☎&FAX058-231-2527
http://www.yamadacoffee.com
㊠10～19時　㊡火・水　カフェなし

豆の注文…TEL、FAX、ネット
支払い…代引き、郵便振替、クレジット、銀行振込

冬においしいコーヒー豆

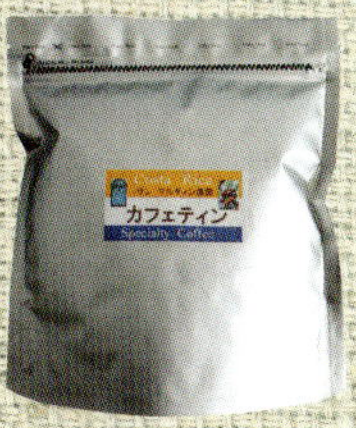

コスタリカ　サンマルティン地区　カフェティン新豆
コーヒーチェリーの蜜をつけて乾燥させたハニーコーヒー。柑橘系の甘味。100g630円。

大阪府東大阪市
田代珈琲

昭和７年創業、３代続く老舗コーヒー店。初代は手回し焙煎機で営業を始め、日本にコーヒーを広めたパイオニア。現社長はカップ・オブ・エクセレンスの国際審査員として活躍し、スペシャルティコーヒーにいち早くから取り組んできた。できるだけ農園に出向き、生産者のコーヒー栽培に対する考えを聞き、信頼関係を深めている。「焙煎した当日に発送」がこだわり。

人気のコーヒー豆ベスト３

1. 2008年COE エルサルバドル ディオス農園
2. ブレンド　エクセレンス
3. インドネシア アチェ・マンデリン

㊟大阪府東大阪市永和1-25-1
0120-722-337
FAX06-6724-8298
http://www.tashirocoffee.com/
㊋9～19時　㊡日曜　カフェなし

豆の注文…TEL、FAX、ネット、メール
web@tashirocoffee.co.jp　支払い…代引き、郵便振替(ネットはコンビニ決済、銀行振込、クレジットも可)

冬においしいコーヒー豆

那古やブレンド
濃厚でこってりとした味をイメージ。やわらかな味わいで、甘い余韻。500g1495円。

愛知県名古屋市
カフェ リサ

創業60年の歴史をもつボンタイン珈琲本社が、2004年にオープンした直営カフェ。よりよいスペシャルティコーヒー豆を仕入れるため、世界のコーヒー農園を訪ね、信頼できる生産者から生豆を直輸入。自家焙煎のコーヒー豆を常時10種類以上販売し、日替わりコーヒーなどで味わえる。家庭での美味しい淹れ方などの相談にものってくれる。

人気のコーヒー豆ベスト３

1. リサ・メディアブレンド
2. リサ・エスプレッソブレンド
3. 那古やブレンド

㊟愛知県名古屋市中区新栄3-20-24
☎&FAX052-259-2250
http://www.bontain.co.jp
㊋8～21時　不定休　カフェあり

豆の注文…TEL、FAX、メール
caferisa@bontain.co.jp
支払い…代引き

冬においしいコーヒー豆

イタリアンブレンド
深煎りのブレンド。温めたミルクと割ってカフェオレにしても美味しい。250g930円。

兵庫県洲本市
スペシャルティコーヒー専門店　タワーコーヒー

「淡路島の人々にスペシャルティコーヒーの素晴らしさ、焙煎したての美味しさを知っていただきたい」と、2003年にオープンしたスペシャルティコーヒー専門店。濃厚なコーヒー感、個性的な香り、生き生きとした酸味、甘い後味などをもつ豆を、つねに探し求めて入荷。豆の個性を最大限に引き出すよう焙煎し、ベストな香りで釜から出す。

人気のコーヒー豆ベスト３

1. タワーブレンド
2. ホンジュラスカップオブエクセレンス受賞豆
3. コスタリカカップオブエクセレンス受賞豆

㊟兵庫県洲本市下加茂1-2-21
☎&FAX0799-26-3715
http://www.tower-coffee.com
㊋11～18時　㊡月曜　カフェあり

豆の注文…TEL、FAX、ネット、メール
tower-coffee@aqua.ocn.ne.jp
支払い…代引き、郵便振替、銀行振込

冬においしいコーヒー豆

エチオピア　ミスティバレー
「コーヒーは果実」という言葉に納得できる、素晴らしい果実味と香り！ 200g1080円。

滋賀県多賀町
i-beans coffee

ゆったりと時間が流れる滋賀の田舎で、「世界一きれいなコーヒー豆の販売店」をめざす。扱う豆は、産地の個性が表現された香味をもち、にごりや雑味のないクリーンなスペシャルティコーヒーのみ。「コーヒーは果物。その品質は良質であるほどよい」と語るご主人が、豆にできるだけストレスを与えないよう焙煎し、感動的な個性を引き出す。

人気のコーヒー豆ベスト３

1. ハウスブレンド
2. Sweetブレンド
3. グァテマラ サンタカタリーナ

㊟滋賀県犬上郡多賀町多賀1409-3
☎&FAX0749-48-7447
http://www.i-beans.jp
㊋11～19時　㊡火・水曜　カフェなし

豆の注文…電話、FAX、ネット、メール
shop@i-beans.jp　支払い…代引き、郵便振替、銀行振込、クレジット

冬においしいコーヒー豆

エスプレッソブレンド
しっかりとした力強い味わいで、ミルクとの相性も抜群。200g1050円。

島根県安来市
CAFÉ ROSSO

島根県の静かな町にありながら、名バリスタとして知られる門脇洋之さんが淹れる、至福の一杯を味わえる自家焙煎カフェ。「品評会などの評価を基準にするのではなく、自分の感覚と、ポジションに合った豆を選んで使っています」と門脇さん。本格的なエスプレッソとカプチーノアートはもちろん、自家製の手作りケーキも人気。

人気のコーヒー豆ベスト３

1. エスプレッソブレンド
2. ロッソブレンド
3. イタリアンブレンド

㊟島根県安来市門生町4-3
☎&FAX0854-22-1177
http://www.caferosso.net/
㊋10～18時　㊡火曜(祝祭日の場合、翌日)　カフェあり

豆の注文…電話、FAX、メール
caferosso@wonder.ocn.ne.jp
支払い…郵便振替、代引き、コンビニ決済

冬においしいコーヒー豆

コロンビア　ディビノ・ニーニョ
2009カップ・オブ・エクセレンス５位入賞。熟した風味がパッションフルーツのよう。250g2200円。

京都府長岡京市
Unir

カップ・オブ・エクセレンスに国際審査員として参加するご主人の山本尚さんが、ドイツ製の焙煎機プロバットを操り、スペシャルティコーヒーを焙煎。温度計測システムを用いて温度をグラフ化するなど、豆ごとの美味しさを最大限に引き出せるよう焙煎データをとっている。めったにお目にかかれない、品評会の上位入賞豆も入荷する。エスプレッソにも力を注ぐ。

人気のコーヒー豆ベスト３

1. 国際コンテスト入賞豆
2. 各種シングルオリジン
3. ハウスブレンド

㊟京都府長岡京市長岡三丁目27-4
☎&FAX075-956-0117
http://www.unir-coffee.com
㊋10～19時　㊡水曜　カフェなし

豆の注文…TEL、FAX、ネット
支払い…代引き、郵便振替

冬 おいしいコーヒー豆

ニカラグア ドクターカップ セロ・デル・シエロ農園
2008年国際コンテスト1位の農園。甘み、酸味、こくのバランスが秀逸。250g1470円。

香川県高松市

コーヒービーンズショップ アロバー

コーヒー農園の奥深くまで見てまわり、生産者との信頼関係を築き上げている焙煎人。いわく、「有名銘柄ばかりではなく、世界にはもっともっと美味しいコーヒーがあることを知り、それらを多くの人に紹介したいと思い、自家焙煎を始めました」。焙煎前半でしっかり水分を抜き、香り高くすっきりとしたコーヒーに仕上げる。

人気のコーヒー豆ベスト3

1. 潤
2. ニカラグア ドクターカップ セロ・デル・シエロ農園
3. ジェヌイーノ

㊟香川県高松市国分寺町新名1225-5
☎087-874-5700
FAX087-874-1188
http://arovor.com/
㊮9時半～18時　㊡水曜　カフェあり

豆の注文…TEL、FAX、ネット
支払い…代引き、郵便振替、銀行振込、クレジット

冬 おいしいコーヒー豆

アニバーサリーブレンド
口の中に香りが広がる、深い味わい。後味にも香りが残る。200g1470円。

島根県松江市

CAFFÉ VITA

すべてのメニューを店内で手作りする、自家焙煎のスペシャルティコーヒー専門店。「産地の味を理解し、収穫時の味を再現することが目標。フルーティな酸やキャラメル、チョコレートのような味を引き出すため、焦がさずしっかり焼けるように心がけています」と、UCCコーヒーマスターズ2008のエスプレッソ部門で優勝した名バリスタのご主人。

人気のコーヒー豆ベスト3

1. ヴィータブレンド
2. ブラジル
3. イタリアンブレンド

㊟島根県松江市学園2-5-3
☎&FAX0852-20-0301
http://www.caffe-vita.com
㊮10～22時　㊡木曜　カフェあり

豆の注文…TEL、FAX、ネット、メール
info@caffe-vita.com
支払い…銀行振込

冬 おいしいコーヒー豆

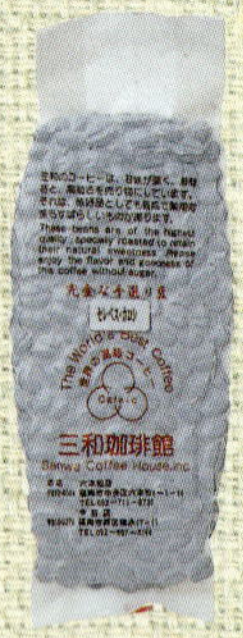

セレベス・カロシ
甘く、ほろ苦く、濃厚。豆の旨みを生かすため、ネルドリップで。200g2360円。

福岡県福岡市

三和珈琲館

極上のコーヒー豆だけを扱う自家焙煎の店。熟練の焙煎士、ご主人の井手一博さんが、一粒ずつ丁寧に手選別したのち、生産国の気候風土を感じながら、酸味が美味しいものは少し酸味を強く、苦味系は少し強めに煎りあげる。真空パック、冷凍保存されたコーヒー豆はフレッシュそのもの。甘くて香ばしく、鮮烈な香りが閉じ込められている。

人気のコーヒー豆ベスト3

1. セレベス・カロシ
2. ブルーマウンテン NO.1
3. エンペラーズコーヒー

㊟福岡県福岡市中央区六本松4-1-14
☎092-711-8735
FAX092-711-8736　http://homepage1.nifty.com/sanwacoffee
㊮10～22時半　無休　カフェあり

豆の注文…TEL、FAX、ネット、メール
ZAN21755@nifty.com
支払い…代引き

冬 おいしいコーヒー豆

ブラジル　ハイーニャ
カップ・オブ・エクセレンス4位入賞。タンジェリン風味のフレイバー。250g1800円。

広島県広島市

コーヒービーンズショップ　スマイル

生産国の農園などからサンプルを送ってもらい、必ず味わいを確かめたうえで、スペシャルティコーヒーに相応しい生豆だけを直接購入。フルーティなもの、スパイシーなものなど風味豊かな豆を扱い、店頭での無料試飲によって気に入ったコーヒーを選べる。インターネットではコンテスト入賞豆など3種類のお試しセットが用意されている。

人気のコーヒー豆ベスト3

1. ケニア　AA TOP ドーマンズ
2. エチオピア　イルガチェフ
3. ブラジル イエローブルボン（インヴェルナダ農園）

㊟広島県広島市東区二葉の里2-8-9
☎&FAX082-264-8155
http://www.smilecoffee.net
㊮10～19時　㊡水曜・祝日　カフェなし

豆の注文…TEL、FAX、ネット、メール
smilecoffee@brown.plala.or.jp
支払い…代引き、郵便振替、銀行振込

冬 おいしいコーヒー豆

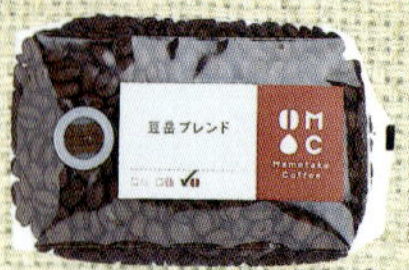

豆岳ブレンド
高い香りと、深いこく。温かいミルクと合わせてカフェオレに。200g850円。

大分県中津市

豆岳珈琲

険しい道のりを越え、谷から風が吹き上げる山の中へ。絶景に抱かれた焙煎工房の煙突から、香ばしさが流れる。「コーヒーが真ん中にある生活を」というご主人の古岡大岳さんが、世界中から仕入れた新鮮な生豆を、改良した釜で丁寧に煎りあげる。常時8～10種類のストレート豆と、数種類の豆の長所を生かしたブレンドを扱う。

人気のコーヒー豆ベスト3

1. 豆岳ブレンド
2. うりぼうブレンド
3. ほし草ブレンド

㊟大分県中津市耶馬渓町大島古城3818-1
☎&FAX0979-56-2508
http://www.mametake.com
㊮10～17時　㊡月・火曜　カフェあり

豆の注文…TEL、FAX、メールcoffee@mametake.com
支払い…代引き、郵便振替、銀行振込

冬 おいしいコーヒー豆

マイルドビターブレンド
中南米、アジア、アフリカの豆をブレンド。ほろ苦くウッディーで果実味も。200g840円。

岡山県岡山市

自家焙煎珈琲パールデザンジュ

岡山県で初めてアメリカ・スペシャルティコーヒー協会カップ審査員の資格を取得したご主人。銘柄の有名無名にこだわらず、品質のみを追求して、選りすぐりの生豆を仕入れる。「もっとも重視しているポイントは、"良質の酸味"です。同じ銘柄の豆でも状態が変わるので、必ずカッピングで素材の質を確かめて選んでいます」とご主人。

人気のコーヒー豆ベスト3

1. ハウスブレンド
2. マイルドビターブレンド
3. サヴァランブレンド

㊟岡山県岡山市北区野田屋町1-9-1
☎&FAX086-226-9678
http://coffee-pda.shop-pro.jp
㊮10～20時　㊡日曜　カフェあり

豆の注文…TEL、ネット
支払い…代引き、郵便振替（ネットはコンビニ決済、クレジットも可）

プレス、ドリッパーからエスプレッソマシンまでコーヒー名人15人に使用実感徹底調査

達人が勧めるコーヒー道具の銘品

コーヒーのプロがお店で使っているのは、どんな道具なのか？ 家庭でも使えるおいしいコーヒーの道具を教えてもらった。

プレス PRESS

豆の個性をストレートに味わうならプレス！

豆にとことんこだわる名店「丸山珈琲」では、コーヒーはプレスのみで供する。

メッシュの大きさや保温性のほかデザイン製も鍵

豆が本来持つ個性がいちばんストレートに現れると、プレスを使う名人は多い。選択基準の鍵は二つ。メッシュの大きさと保温性だ。

「ボダム社のメッシュはサイズが丁度よく、コーヒーのうま味をしっかりと抽出できます」（丸山珈琲・阪本義治さん）

プレスは、お湯を注いでから4分ほど蒸らすので、その間に湯の温度が下がってしまう。ステンレス製や二重グラスのタイプなら、保温性が高く、温かいおいしい温度のコーヒーを愉しむことができる。

コーヒー好きなら毎日使う道具。機能性だけでなく、気に入ったデザインのものを選ぶのも大切だ。

コロンビア　ダブルウォール コーヒーメーカー
1.0L ¥12,600

ケニヤ コーヒーメーカー
0.35L ¥2,625

ビストロ　ダブルウォール コーヒーメーカー
1.0L ¥10,500

ボダム

機能性はもちろん、デザイン性の高さや扱いやすさで、多くのコーヒーの名人が使用している。問ボダム ジャパン☎03-5775-0681

達人のコメント

「ヴォアラ珈琲国分本店」竹元俊一さん

「フレンチプレスはボダム社のものを各種使用しています。フィルターのメッシュサイズが大きく、適度にコーヒーオイル分を抽出できるので、コーヒー本来が持っている風味や特性、甘みを十分に引き出してくれます」

ハリオ

二重グラス カフェプレッソ CPW-2SV

グラスが二重構造になっていて保温性が高いので、湯の温度が下がりにくいのが特徴だ。¥5,250問ハリオグラス 0120-398-207

達人のコメント

「珈琲工房HORIGUCHI上原店」若林恭史さん

「透明なので粉の状態が確認しやすい。二重グラスで保温性が高い」

ペーパードリップで淹れる、京都の老舗「六曜社地下店」の奥野修さん。

一つ穴、三つ穴、円すい型、素材もいろいろ

ドリップ
DRIP

穴の数によって淹れ方も、味わいも微妙に変化

プレスに比べてクリアなコーヒーに仕上がるドリップ方式。ペーパーが油脂分を吸収しすぎるという欠点もあるが、ゆっくり丁寧に淹れれば、ボディのあるコーヒーになる。

ドリッパーは、コーヒーの味を左右する大事な道具。種類は、ひとつ穴、三つ穴、円すい型があり、名人たちの選び方はさまざまだ。

「ひとつ穴のメリタは、コーヒーの滴下速度がゆっくりで、コクが出やすいですね」(珈琲フッコ・市原道生さん)

カリタの三つ穴は、滴下速度がやや早まるが、お湯の注ぎ方によってスピードを調整しやすく、また雑味が出にくいという特徴がある。円すい型は、ドリッパーに入れた粉の層が厚くなるため、粉全体にお湯がしっかりと行き渡り、うま味を十分に引き出すことができる。

カリタ
陶器製コーヒードリッパー白 102ロト

3つ穴式なので、コーヒーが抽出される速度、濃度を湯の注ぎ方によって調整しやすい。2～4人用

¥683(問)カリタ☎03-3738-4111

達人のコメント

「六曜社 地下店」奥野修さん

「コーヒーを淹れるスピードを変えやすいので、長年使っています」

ハリオ
V60透過ドリッパー VD-02T

円すい型で粉が厚くたまりうま味を十分に抽出できる。2007年度グッドデザイン賞受賞。

¥473(問)ハリオグラス☎0120-398-207

達人のコメント

「グリーンズコーヒーロースター」嚴康孝さん

「うま味をしっかり抽出できる効率のいい形状。デザインもいい」

メリタ
アロマフィルター AF-M 1×2

1つ穴で穴が少し高い位置にあるので、湯がほどよく粉を蒸らしアロアを十分に引き出す。

¥588(問)メリタジャパン☎0120-33-0212

達人のコメント

「ヴォアラ珈琲国分本店」竹元俊一さん

「適度に湯をホールドでき、コーヒーの風味や特性を引き出しやすい」

珈琲サイフォン
コーノ式名門ドリッパー MD-21

円すい型とふちの溝の高さなどにより、粉全体に湯が行き渡りうま味をムラなく抽出できる。

¥788(問)珈琲サイフォン☎03-3946-5481

達人のコメント

「リールズ」宮宗俊太さん

「ネルフィルターのような濾過方式。豆の挽き方や湯の注ぎ方で味のコントロール可能」

KEYコーヒー
ドリッパー陶器製

コーヒーの雑味が出にくい三つ穴。陶器製は保温性が高く温かいコーヒーを抽出するのに優れている。¥662(問)キーコーヒーお客様センター☎0120-192008

達人のコメント

「キーコーヒー コーヒー教室」室長　大貫賢一さん

「三つ穴で湯が全体に行き渡り、スッキリした後味に仕上がるので愛用しています」

ポット
POT

注ぎ方を調整しやすいコーヒー専用のポット

名古屋市「coffee kajita」の梶田真二さんは、カリタの銅製ポットを使用。

カリタ

銅ポット 0.7l（蝶番付）

注ぎ口の形状により、注ぐ際、湯の勢いが強すぎることも弱すぎることもなく調整できる。¥13,125㊐カリタ☎03-3738-4111

達人のコメント

「珈琲工房HORIGUCHI 上原店」若林恭史さん

「注ぎ口のバランスがよく、湯量を調節しやすい。グリップも持ちやすい」

ユキワ

M5コーヒーサービスポット

ステンレス製なので丈夫でサビにくい。ほどよい重さで扱いやすいと評判が高い。750cc¥13,900㊐三宝産業☎0256-64-3361

達人のコメント

「ミル」鈴木義弘さん

「ステンレス製で、銅のポットに比べると湯が冷めにくい。丈夫なのもいいですね」

扱いやすいステンレス製かお湯の温度が冷めにくい銅製

ペーパープレスで淹れる場合、お湯の注ぎ方も味を左右する重要な要素。できればコーヒー用のポットを使いたい。ヤカンと違い、注ぎ口が湯量を調整しやすいデザインになっているからだ。

コーヒーの達人たちは主に、ステンレス製か銅製のものを使用している。ステンレスは、丈夫でサビにくく重さもほどよいので扱いやすいというポイントがある。銅製は、保温性が高く注いでいるうちに湯が冷めないのが特徴だ。

サイフォン
SIPHON

こだわりを感じるサイフォンを家庭で愉しむ

「グリーンズコーヒーロースター」の厳康孝さん。

ハリオ

コーヒーサイフォン テクニカ TCA-3

プロが愛用する、ゴールドタイプの家庭用。コンパクトで扱いやすい。¥6,825㊐ハリオグラス☎0120-398-207

達人のコメント

「コーヒーハウスとむとむ つくば店」小池美枝子さん

「ロートが直線的で洗いやすいのも特徴」

珈琲サイフォン

河野式コーヒーサイフォン名門2人用サイフォン

現在のサイフォンの原型を構築したメーカーだけあり、クリーンで後味のしっかりとしたコーヒーを抽出できる。¥12,285㊐珈琲サイフォン☎03-3946-5481

達人のコメント

「八百コーヒー店」曽田顕さん

「豆の美味しさを存分に出しながらアクのないコーヒーに仕上がります」

サイフォンの老舗メーカーか、上品で重厚なデザインのものが主流

「熱いお湯を一気にコーヒーの粉と引き合わせるサイフォンは、クリーンでありながら後味のしっかりとしたコーヒーに仕上がります」（八百コーヒー・曽田さん）

曽田さんが愛用するのは、河野式コーヒーサイフォン。サイフォンの原型を作ったメーカーだけに、研ぎすまされた性能と、味わいのあるコーヒーが抽出できると絶賛する。

ゴールドをあしらったハリオのテクニカTCA-2GDを愛用する達人も多い。

ミル
MILL

豆を均一に挽くことができるミルがベスト

富士珈機
コーヒーミルグラインダー R-220DX みるっこ

ロースター、ミルメーカーとして国内1位のシェアの専門メーカー。静寂性と安定したメッシュ（粉の微細度）に優れた家庭用名機。¥42,525円（エスプレッソ用カット臼付き）¥44,625円(問)富士珈機☎06-6568-0440

デロンギ
コーン式コーヒーグラインダー KG364J

低速回転モーターの採用で、コーヒー本来の香りや風味を保つ。中挽き～極細挽きまで14段階設定で、挽き具合を選択。¥17,800(問)デロンギ・ジャパン☎0120-064-300

ハリオ
キャニスターコーヒーミルC CMH-4C

ミル本体が挽き終わったコーヒーを保存できるガラスのキャニスターになっているのでとても使いやすい。¥3,990(問)ハリオグラス☎0120-398-207

ザッセンハウス
コーヒーミル リマ MJ-0807

長い歴史と確かな品質を誇るザッセンハウス社の手挽きコーヒーミル。ドイツ製らしい機能美が際立つ一品。¥10,500 輸入元／メリタジャパン☎0120-33-0212

デバイスタイル
コーヒーグラインダー GA-1-BR

粗挽きからエスプレッソ用の極細挽きまで対応。LOW（低速回転）モードも選べるので、香りを損なわない、手挽きのような挽き方を再現。オープン価格(問)デバイスタイル☎0570-067788

業務用コンパクトタイプならコーヒーショップ気分も味わえる

カリタや富士珈機など、達人たちは業務用で使用しているが、メーカーの中には、家庭でも使えるコンパクトなタイプを発売している。微細度が均一な粉に仕上がるというのが専門メーカーならではの大きなポイント。コーヒー店気分を味わえる縦長のデザインも、コーヒー好きの心をくすぐる。

コーヒーだけでなくエスプレッソも自宅で愉しむなら、極細挽きまで設定できるタイプがおすすめ。自分でブレンドした豆でエスプレッソやカプチーノを愉しむというのもいいだろう。

豊かな香りを満喫しながらゆっくりと手挽きで、というのもコーヒーの愉しみ方のひとつだ。

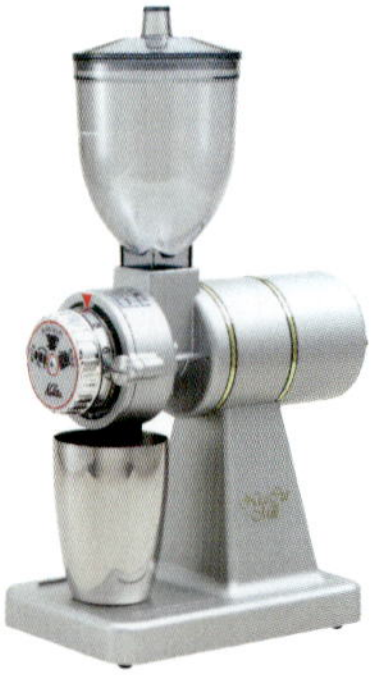

カリタ
ナイスカットコーヒーミル シルバー

家庭でも使える業務用の性能を持つミル。カッターはクロムモリブデン鋼を使用しているため粉の均一性は抜群。¥28,875(問)カリタ☎03-3738-4111

コーヒーメーカー
COFFEE MAKER

ハンドドリップとかわらぬ
おいしさを追究

デバイスタイル

サーモコーヒーメーカー
CA-5S

薫り高い油脂分を濾過することなく、コーヒー本来の自然な甘さが楽しめる、ゴールドフィルターを搭載。また抽出ホールが9つと1つで選べるのでコーヒーの量によって自分好みに調節可能。ハンドドリップしたかのような味が再現できる。オープン価格㊐デバイスタイル☎0570-067788

エレクトロラックス

カフェテーECM1100

コーヒーと紅茶の2種類のフィルターつきで、両方一度に楽しめるユニークなアイテム。何度も繰り返し使えるパーマネントフィルターも便利。他に見ないカラーだから、お部屋のインテリアにもなる。オープン価格㊐エレクトロラックス・ジャパン☎03-5445-3360

メリタ

アロマサーモステンレス
JCM-561/TD

あらかじめ水路を温めるうえ、最適な温度の熱湯だけを感知してドリップするバイメタル方式が、おいしさを引き出す。ハンドル付きフィルターなので、コーヒーをセットするのも、取り出してフィルターを洗うのも簡単。10500円㊐メリタジャパン0120-33-0212

カリタ

コーヒーメーカーTC103

ドリップ中に水タンク内がライトアップするという、目でも楽しめるアイテム。ステンレス製ポットは、軽くて丈夫なうえ、保温性もよい真空二重構造。飲みたいときにセットできる、予約タイマーもついたすぐれもの。16800円㊐カリタ☎03-3738-4111

サーモス

真空断熱ポット
コーヒーメーカー
ECD-1000

サーモス独自の真空断熱容器に直接ドリップすることで、コーヒーが煮詰まらずに保温可能。酸化が進むこともないので、淹れたての風味や香りをキープできる。黒とシルバーのシャープなデザインも特徴。オープン価格㊐サーモスお客様相談室☎0256-92-6696

煮詰まらず、省エネ型のステンレスポット式が人気

ハンドドリップと変わらぬおいしさを楽しめる機種が数々登場しているコーヒーメーカー。中でも最近注目されるのが、ステンレス製二重ポットを採用したもので、各社から発売されている。

「従来主流だったガラスポットは、割れやすかったり、保温ヒーターで温めているうちにコーヒーが煮詰まるという欠点がありました。真空二重構造のステンレスタイプはその問題点を解決。ガラスポットには直接入れられない氷を入れられ、すぐに冷たいアイスコーヒーを楽しむこともでき、人気です」（メリタジャパン・マーケティング部 島根志保さん）

サーモポット式は消費電力が少ないというのも大きな特徴だ。

エスプレッソマシーン
ESPRESSO MACHINE

色やデザインの好みで
選ぶのもポイント

デロンギ
全自動コーヒーマシン
ワンタッチカプチーノ
EAM1500SDK

挽きたて、淹れたてのエスプレッソ、カプチーノ、カフェラテがワンタッチで抽出できる家庭用全自動マシン。ミルクの泡立て具合が調整可能なので、カプチーノ用のフロスミルクから、カフェラテ用のスチームミルクまでカンタンに抽出できる。（オープン価格）問デロンギ・ジャパン☎0120-064-300

サエコ
オデア ジロオレンジプラス　SUP 031 ORGX

BMWのデザイン会社によるオレンジのボディがリビングに映える。可動式トレイは、150mmのロンググラスが設置可能なのでアイスメニューも簡単にできる。新開発のセラミックグラインダー採用で、静粛性と耐久性が大幅に向上した。（オープン価格）問サエコ☎0120-60-9080

ビアレッティ
モッコーナシルバー

イタリア最大の直火式エスプレッソメーカー・ビアレッティ社が提案する、可愛いフォルムの家庭用エスプレッソマシン。粉の他にもエスプレッソ用のカフェポッドも使用可能。ミルクスチーマーまで付いた、機能も充実の一台。輸入元／カリタ（オープン価格）問カリタ☎03-3738-4111

デバイスタイル
ポッドエスプレッソマシン PD-1 PLUS

エスプレッソ用とスチーム（ミルクの泡立て）用に別々のボイラーとポンプを装備。コーヒーを淹れながらミルクを泡立てることができる。専用のカフェポッド（コーヒー粉のカートリッジ）採用で、簡単に本格的なエスプレッソが愉しめる。（オープン価格）問デバイスタイル☎0570-067788

アリエテ
エスプレッソ・カプチーノメーカー オレンジ 1323J-OR

イタリアのデロンギグループに属する人気家電メーカー・アリエテ社製。本体内蔵型のボイラータンクを搭載することで世界最小クラスのコンパクトサイズを実現した。イタリアらしいカラフルでポップなデザイン。スチーム式ながらポンプ式並みの高い抽出圧を実現。赤、オレンジ、シルバーの3色展開。¥15,750問デロンギ・ジャパン☎0120-064-300

デロンギ
エスプレッソ・カプチーノメーカー
ECM300J-E

エスプレッソに最適な抽出圧9気圧、抽出温度90℃を実現。二重構造の高性能スチームノズルの採用により、誰でも簡単にきめ細かい泡立ちミルクが作れる。ポンプ式家庭用としては最上級機種。クリームカラーに丸みをおびたデザインはインテリア性も高い。¥37,800問デロンギ・ジャパン☎0120-064-300

こだわり派は半自動 忙しい方や大家族は全自動を

家庭用エスプレッソマシンは、セミオートとフルオートに大きく分かれる。コーヒーを作ることが好きでこだわりたいという方はセミオートを、忙しい方や大家族、ホームパーティをよく開催するという方はフルオートがお勧めだ。

「価格は1～10万円代とメーカーによってかなり幅があります。マシンの大きさや材質によって決まり、価格が安いからといってダメなわけではなく、どのマシンも機能性はほとんど変わりません」（エノテカバール プリモディーネ・バリスタ 阿部圭介さん）

メーカーによって最も特徴が表れるのがデザイン。お気に入りのものを見つけるのも選ぶときの楽しみのひとつだ。

取材・文／本吉恭子／撮影／早野知子

極上のコーヒーと音楽がブレンド！

至福の音楽喫茶&ミュージックカフェ

昭和初期に誕生した名曲喫茶以来、コーヒーと音楽は切っても切れない関係にある。時代は下って耳に心地いい選曲と独自の趣向でなごみの空間を作りだしたカフェが、街中を席捲しても、コーヒーを傍らに未知なる音楽と出会う場所の魅力は変わらない。誰かとの会話をはずませ、一人の時間にくつろぎを約束してくれる不滅の音楽喫茶と、ますます進化し続ける個性的なミュージックカフェをご紹介します。

コーヒーと音楽 1

不滅の名曲喫茶・東京編
激動の時代を生き抜いた伝統の音楽空間とコーヒー

座り心地のよい赤い布張りのソファー。昭和20年代から多くの人々が座ってきた。

「ライオンベーカリー」の淹れ方を、創業以来守るコーヒー500円。濃く深い味わい。

(右上)ライオンの看板が迎えてくれる。(左上)初代の山寺氏がデザインしたレコードプレーヤー。進駐軍のラジオも聞けた。(下)吹き抜けにそびえる巨大スピーカー。その音はやわらかく立体的で、神々しいほどの迫力が。

まるで音楽に祈りを捧げるような空間だ。祭壇のような吹き抜け部分に鎮座しているのは、高さ3mはある巨大スピーカー。ヨーロピアン調の店内に、クラシックの荘厳な調べが響く。

創業は、まだ渋谷に大八車が往来していたという昭和元年。いまは亡き初代の山寺弥之助氏が、ヨーロッパをイメージして店をデザインした。昭和20年の東京大空襲で全焼したが、その5年後にまったく同じ姿の一軒家を、同じ場所に再建。現在の店は当時のものだ。

「山寺さんは探究心が旺盛で、現在も活躍している特注のレコードプレーヤーを自分でデザインしたほどの凝り性。究極の音を求め、メーカーの技術者と相談してスピーカーを設計したそうです。そのため、コンサートホールのような立体的でやわらかな音がするんですよ」

とは、2代目を勤めていたご主人が亡くなってから、代わりに店を守り続けている石原圭子さん。昭和30〜40年代は、名曲喫茶の全盛期だった。当時の百軒店通りは石畳に柳が揺れる洒落た雰囲気で、学生や舞台俳優、画家、すぐ裏手にあった映画館から流れてくるカップルなどで、満員だったと石原さんは懐かしむ。

「音楽に聴き入る人のほか、2階席で持参したタクトを振っている人もいました。有名な指揮者が、かつて常連のお客さんだったと聞き、"もしかしてあのタクトを振っていたのは……"と思い出します。また、東大生はここで出席をとれると言われたほど多かったですね」

コーヒーは、ロンドンの「ライオンベーカリー」でパン職人の修業を積んだ、山寺氏の従兄弟が淹れ方を直伝。焙煎し挽いたコーヒーを鍋で煮出してから、ネルドリップする方式がライオン伝統として受け継がれている。このコーヒーが店名の由来となった。壁を埋めるレコードは5000枚以上。濃く、深い味わいのコーヒーとともに、歴史に思いを馳せつつ至福の音楽時間を過ごしたい。

レコード棚も山寺氏が設計したもの。整然とレコードが並ぶ。なかには「秘」と書かれた、古く貴重なものもある。

名曲喫茶ライオン

[東京・渋谷]

おすすめのコーヒータイムミュージック

「ベートーベン"クロイツェルソナタ"と"スプリングソナタ"」。ピアノはルビン・シュタイン。スプリングソナタは可愛らしく、やわらかい音色。

㊟東京都渋谷区道玄坂2-19-13 ☎03-3461-6858 ㊔11時〜22時30分 ㊡正月、夏休み ㊋JRなど渋谷駅から徒歩5分 128席(1・2F)

撮影/起定伸行 取材・文/本吉恭子

シャンデリアが吊られた吹き抜けの店内。かつては 3 階と地下 1 階もあったが、現在は消防法により、1〜2 階だけが利用できる。リクエストは口頭で。15 時と 19 時に始まる「定時コンサート」では、店が選んだ曲がかけられる。

(右)客席正面には、寺元さんがもっとも生演奏に近いとし「オーディオの究極」とする蓄音機。毎月第３日曜日、蓄音機によるＳＰコンサートを開催。夜は毎晩ライブを開催。(左)コーヒー350円。希望でブランデーを入れてくれる。

ヴィオロン

[東京・阿佐谷]

おすすめのコーヒータイムミュージック

「カール・フレッシュ　モーツァルト　バイオリンソナタNo.10 とヘンデル　バイオリンソナタNo.5」 ご主人が愛するバイオリンの名手による完璧な演奏に浸れる。

不滅の名曲喫茶・東京編

ウィーンの名門ホールを縮小再現したオーディオ職人の店

地下に埋没する巨大スピーカーから演奏が流れると、床も、壁も、天井もいっせいに共鳴する。そして店全体をふわりと包みこむような残響……。まるで名ホールで生演奏を聴くような音色に圧倒される。

昭和54年、この店を創業したオーナーは、世界のコンサートホールを見尽くしたオーディオ職人の寺元健治さん。ウィーンの名門ホール「ムジークフェライン」を１／25サイズで再現した店には、さまざまな仕掛けが秘められている。たとえば床や天井、壁部分はすべて空洞。この空洞が、すばらしい音響になくてはならない秘密のひとつだという。また、真空管アンプや、地下に埋まったスピーカーは寺元さんの手作りだ。

「昔のＳＰレコードを傷付けることなく本来の音色を鑑賞するためには、そのレコードと同じ年代、同じ地域で作られた材質の針を選ぶことが大切です。そのため金属針、竹針、サボテン針などさまざまなレコード針を集めています」

と寺元さん。レコードは１９００～１９５０年代のＳＰ１０００枚をはじめ、ＬＰ４００枚ほど。クラシック音楽を中心にジャズ、シャンソン、映画音楽までと幅広い。ブランデー入りの香りよいコーヒーを飲みつつ、昔の演奏に浸れるタイムマシーンのような店だ。

㊟東京都杉並区阿佐谷北 2-9-5
☎03-3336-6414 ㊎12 時～23時 ㊡火曜 ㊌ＪＲ阿佐ヶ谷駅から徒歩４分 30席

(右)通路の棚に並ぶレコード(中上)ご主人が学生時代から入り浸った名曲喫茶が中野「クラシック」。惜しまれつつ閉店したが、その絵やインテリアがこの店で生きている (中下)ご主人自作の真空管アンプ (左)巨大スピーカーも自作。

撮影／中島順一郎（P117、P120、P121 上）、佐藤直也（P121 下） 取材・文／本吉恭子

不滅の名曲喫茶・東京編

カウンターの隅に宿る天衣無縫なママの気配

注文ごとにハンドドリップで淹れるブレンドコーヒー450円。ソフト、ビターの2種類がある。

名曲喫茶ミニヨン

［東京・荻窪］

おすすめのコーヒータイムミュージック

「バッハ教会カンタータ第4番」フリッツ・レーマン指揮。1950年度バッハ祭管弦楽団。古色蒼然とした厳かさが漂う名盤。

やわらかな陽光が、窓から差し込む。スピーカーからあふれる音楽は、古典派やロマン派のみならず、グレゴリオ聖歌やルネサンス期のクラシックまでと幅広い。レコードの深みある音色に浸るもよし、淹れたてのコーヒーを飲みつつ会話を交わすもよし。ここに古色蒼然とした暗さは、微塵もない。昭和36年、この店を荻窪駅北口に創業したのは名物ママだった深沢千代子さん。今は亡きママは平成13年、91歳で引退するまでカウンターで音楽を聴き続けた。

「ママは少女のように無邪気で可愛らしく、知識が深い人でした。音楽を聴くための名曲喫茶とはいえ〝少しぐらいおしゃべりしてもいいじゃない〟という柔軟さもあり、喫茶スペースと私語禁止の聴講室とを分けたんです。時代の流れで聴講室の利用が少なくなってからは、プロ・アマ問わず作品を発表できるギャラリーとしました」

とはママのもとで30年間働き、現在も店を守り続ける小林眞理子さん。引退前はカウンターの隅で、うたた寝するかのように座っていたというママ。いまもその魂が店を守る。

（右上）ママが買い集めたレコード約5000枚。昭和46年、現在の南口に移転後も増え続けた　（右下）ママが遺した手書きの曲名リスト　（左上）27年前からの伝統である生演奏のサロンコンサートが続いている。写真は毎月1回、27年間演奏会を続けるカルテット。

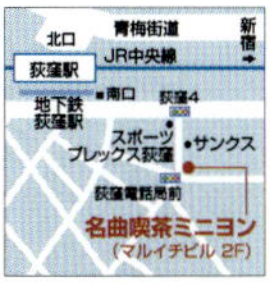

(住)東京都杉並区荻窪4-31-3 マルイチビル2F ☎03-3398-1758 (営)11時〜22時（日曜は〜19時）(休)水曜 (交)JR荻窪駅から徒歩3分 38席

不滅の名曲喫茶・東京編

気さくに迎えてくれる住宅街のマエストロ

喫茶室ショパン

［東京・要町］

自宅の1階が店。平成3年、中野区から現在の地へ移転。

おすすめのコーヒータイムミュージック

「テレマン　無伴奏　フルートのための12の幻想曲」。フルート奏者、ジャン＝ピエール・ランパルの華やかな演奏を無伴奏で楽しめる。晴れた日の昼下がりに。

オーナーは音楽評論家として名高い宮本英世さん。路地に迷い込んでしまいそうな住宅街に建つ一軒家の店だ。宮本さんはレコード会社勤務を経て、昭和56年、夫婦で名曲喫茶を始めた。

「初めて入った名曲喫茶は、国分寺の〝でんえん〟です。当時の私は両親が離婚したことから昼間働き、夜間の大学に通う貧乏学生でした。月収７５００円から下宿代や学費を引くと1日の生活費たった80円……。コーヒー1杯60円の名曲喫茶に行くことは大変な贅沢でしたが、不安や寂しさに耐えられなくなると、通いました。音楽に救われたのです」

レコード会社勤務時代からのコレクションは、クラシックを中心にLP約3万枚、CD約１０００枚。とはいえ、ここには粛々と音楽を聴くといった堅苦しさはない。ふらりとコーヒーを飲みに立ち寄り、宮本さんとおしゃべりをして帰る近所の人も。気さくに、わかりやすく音楽の魅力を伝えてくれる。

(左上) 宮本さんが豆をブレンドするブレンド・コーヒー400円。(右上) ピアノの上に並ぶ宮本さんの著書。(左下) 宮本英世さん。『クラシックの贅沢』(PHP研究所)、『マエストロ宮本のおもしろクラシック100』(平凡社) など著書多数。(右下) スピーカーはタンノイ。

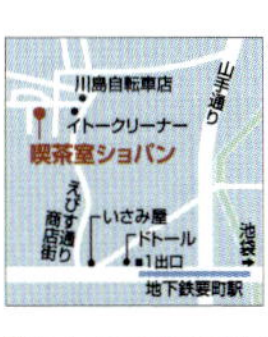

(住)東京都豊島区高松2-3-4 ☎03-3974-7609 (営)9時〜18時 (休)金曜 (交)東京メトロ有楽町線要町駅から徒歩7分 25席

㊟京都市左京区田中下柳町 5-1 ☎075-781-5162 ㊢10時~21時 ㊡無休 Pなし 50席
ミュージックチャージ:10時~13時200円、13時~21時500円

(上) 配線コードからこだわり、アンプやオーディオの設備もかなりマニアック。(下) 最高の音のバランスで聴けるリクエスト席。

(右) コーヒー 550円。別途ミュージックチャージ要。階下にベーカリーを兼ねパンの持ち込み、店内での飲食もできる。(左) 入り口横にあるバースペース。こちらは雑談室として利用できる。

(右) すべてスピーカーのある正面向きに整えられた全 50 の客席。さながらミニホールのような雰囲気に圧倒される。リスニングルームでの私語は厳禁。(左) 所蔵するアルバムは約 8000 枚。レコード以外にクラシック関係の書籍なども揃う。

名曲喫茶 柳月堂

[京都・左京区]

おすすめのコーヒータイムミュージック

「カザルス/鳥の歌 - ホワイトハウス・コンサート」1961 年、20 世紀最大の音楽家の一人、パブロ・カザルスがホワイトハウスで披露した歴史的な名演。有名な「鳥の歌」も収録。

不滅の名曲喫茶・京都編

贅沢な環境で名曲の数々を京都を代表する名曲喫茶

扉を開けるとコンサートホールなみの大音響。全て正面を向いた客席の先には、グランドピアノをはさんで大型スピーカーが据えられている。

クラシック好きの現オーナーの父・陳芳福さんが昭和29年に創業。近代的な喫茶店の台頭で昭和56年に一旦、店を閉めるも常連客の強い要望から1年半後に再開。今や京都で名曲喫茶といえば真っ先に名前の挙がる名店だ。

「ゆっくりと音楽を楽しんでいただきたい。それだけです」

と言葉少なに話すのは2代目オーナー・陳壮一さん。店内では私語は一切禁止。コーヒーカップを置く小さな音にまで気を配り、じっくりと純粋に音楽を楽しむためのスタイルを頑なに守り続ける。

8000枚を超えるという所蔵アルバムもCDではなく、LP盤がほとんど。ロマン派のものを中心にあらゆる作曲家を網羅する。音響にもこだわり、機材はマランツの真空管と、アキュフェーズのモノラルアンプ。客席正面に見える拡声器型のスピーカーも店主自らが組み立て、音質の良さには定評がある。

リクエストは一人一曲限定で受け付け、リクエスト曲がかかれば、特別席で聴くこともできる。丁寧に淹れる少し濃い目のコーヒーを味わいながら、世紀を超えた名演奏に浸りきってみたい。

フランソワ喫茶室
［京都・下京区］

おすすめのコーヒータイムミュージック

「グレン・グールド／バッハ ゴールドベルク変奏曲」バッハの演奏において名高い伝説のピアニスト、グレン・グールドのデビューアルバム。永遠の名盤として聴き継がれる名盤。

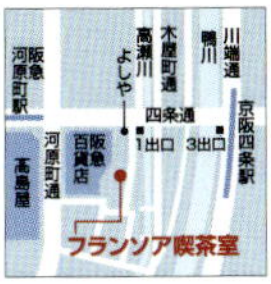

㊟京都市下京区西木屋町四条下ル ☎075-351-4042 ㊖10時～22時30分（L.O）㊡無休 Pなし 20席 ㊦阪急河原町駅より徒歩すぐ

（右）創業時のままのイタリアンバロック様式の店内。喫茶店では初の有形文化財にも指定された。（左）ドーム型の丸天井をはじめ細部に至るまで凝った豪華な造り。

不滅の名曲喫茶・京都編

非日常な空間でエキゾチシズムに浸る

画学生でもあった初代オーナーが、昭和9年に創業。当時は、芸術家や文化人らが集い、ヨーロッパでいうサロンのような場として賑わったという。当初のままのイタリアンバロック様式の重厚な空間には、昼間はセレナードをはじめとする室内楽、日暮れにはシンフォニーと、時間の経過に合わせたクラシックが絶妙なタイミングで流れる。

「マニアックなものではなくバッハやモーツァルト、ブラームスなどあえて誰もが知っているような選曲をしています」

と話すのは2代目の今井香子さん。耳馴染みのいい音楽とタイムスリップしたような非日常感の漂うアカデミックな空間がもたらす心地良さは、愛好家はもちろんクラシックビギナーをもついつい長居させる。

濃厚なフレッシュクリームが、まろやかなコクを引き出す自慢のコーヒーのおいしさもまた、格別。

（上）ステンドグラスをはめ込んだ窓枠。（下）コーヒー550円はクリーム入りがスタンダード。俳優・宇野重吉氏も愛飲したという。

築地
［京都・河原町］

おすすめのコーヒータイムミュージック

「アンドレ・リュウ／シャル・ウィ・ワルツ」ワルツキング、アンドレ・リュウのヒットアルバム。「スケーターズ・ワルツ」をはじめ、メジャーなクラシックを網羅した一枚。

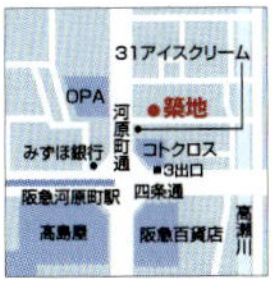

㊟京都市中京区河原町四条上ル一筋目東入ル北側 ☎075-221-1053 ㊖11時～23時 ㊡無休 Pなし 60席 ㊦阪急河原町駅より徒歩3分

（右）創業は昭和9年。芸術を愛した初代がファンであった「築地小劇場」が店名の由来でもある。（左）初代のコレクションのアンティークで飾られた重厚な雰囲気の店内。

不滅の名曲喫茶・京都編

ワルツとコーヒーの心地よいブレンドを

「聴きこむものではなく、自然に流れていて聴きやすい曲を選んでいます。個人的にはベートベンあたりが好きなんですが、空間に主張しすぎるような音は避けています」

と語るのは祖父の代から引継ぎ現3代目のマスター。店内の棚には100枚を超える貴重なSP盤が陳列されるが、今では音源はCDが主流。所蔵する約400枚のなかからバッハやモーツァルトなどをメインにセレクトする。

「一番よくかけているのはワルツ。ずっと流れていても違和感がない。眠っているのかなと思ったら、音楽を聴いてましたなんていう人もいるぐらいですよ」

京都で始めてウインナーコーヒーを出した店としても知られ、コーヒーは8分たてのクリームが浮かぶウインナーコーヒーがスタンダード。クラシックの重厚な音とまろやかなコーヒーの最高のブレンドを楽しみたい。

（右）一つ一つが異なる店内のシャンデリア。（左）店内にはロシアの湯沸かし器・サモワールなども飾られる。（下）コーヒー550円はウインナーコーヒーのみ。濃厚なクリームに負けない濃く深みのある味わいも昔のまま。

 撮影／土本美樹（P122～123） 取材・文／南典子（P122～123）

店内のＢＧＭは、ライブ演奏したミュージシャンのものが大半。コーヒーは必要な分だけ丁寧に焙煎している。

ミュージシャン仲間の間で音響の良さが口伝てで広まり、希望者が引きを切らない。たけしさんが聴いて、感性で音楽だと認めれば、技術に関係なく演奏することができる。

コーヒーと音楽 2

ミュージック・カフェ編

コーヒーを片手に音楽に酔いしれる隠れ家での歓び

植物を配したオープンテラスはジャングルをイメージ。視界を遮る高い建物がないので、花火や夕焼け好きにはたまらないスペース。ほのかな苦味と甘味、コクが特徴の「レギュラーコーヒー」(420円)。

カフェ・ムリウイ

［東京・祖師谷大蔵］

おすすめのコーヒータイムミュージック

SHOOMY BANDの「requiem」。「本当に素晴らしい人たちです。うちでもライブをやってもらっています」（たけしさん）。

にぎやかな祖師谷大蔵の「ウルトラマン商店街」の一角にあるビルの3階。狭い階段を上り切ると、手前に開放感のあるオープンテラス、そして奥に本屋の倉庫を改装した店が見える。「カフェ・ムリウイ」には、下界とは違った空気が流れている。「ここにカフェがあることを、地元でも知らない人が多いですよ」と、マスターのたけしさん。

2つの壁に木の板を張り付け、残りの2つの壁には窓。そして、床はコンクリート。素っ気ないほどシンプルな内装は、ほとんどがたけしさんの手によるもの。この空間が心地よい音を作り出している。「木の板が適度に音を吸収し、窓からは音が抜け、コンクリートの床が音を跳ね返す。まったく偶然なのですが、これがいい音を生むようです。生音を大切にするミュージシャンは、ここで演奏するのが好きと言ってくれます」

ライブは毎週金～日曜日の午後7時ごろから行われる。チャージは取らず、気に入ったらお金をざるに入れる投げ銭制。

ブラジル、コロンビア、マンデリンのブレンドをじっくりと自家焙煎しネルドリップで淹れたコーヒーと、カリフォルニア・バークレー仕込みのハンバーガーが人気メニュー。いずれも素材のおいしさをストレートに伝えている。

まだ明るい夕暮れ時、コーヒー片手に、ゆったりとした音楽の波に身をゆだねる。これからの季節の楽しみ方の一つとしてお勧めしたい。

(住)東京都世田谷区祖師谷4-1-22-3F
☎03-5429-2033 (営)12時～21時
(休)火曜日　30席（うちテラス8席）
(交)小田急線祖師ケ谷大蔵駅から徒歩５分　http://www.ne.jp/asahi/cafe/muriwui/

ミュージック・カフェ編

こだわりのコーヒーと最先端の音楽がやわらかな空間で融合する

原宿駅前の喧騒を離れ、千駄ケ谷に程近い〝北原宿〟にある「escalator」は、レコード&CDショップ併設のカフェ。かつて教会で使われていたアンティークの椅子や、友人のミュージシャンが作った素朴な味わいのテーブルが、都会の真ん中にいることを忘れさせてくれる。

イギリスを中心としたヨーロッパの最新のインディーやダンスミュージックを紹介しているレーベル「エスカレーター・レコーズ」が、ショップ兼オフィスのスペースにカフェを併設したのは2002年のこと。

「コーヒーやビールを軽く飲みながら話ができたらと、ショップの一角の10席から始まりました。今では、音楽好き、カフェ好きという別々の嗜好の人たちが融合する場になっています」（プレス担当の平田春果さん）

BGMは、レコードショップに入荷したばかりのヨーロッパ、アメリカのインディーがメイン。オリジナリティあふれるセレクトにファンも多い。

ホットコーヒー（400円）は、その時期に最もおいしい名産地のストレート豆を、珍しいオイルフィルターを使って手淹れしている。通常の倍のコーヒー豆を、水出し器で11時間以上かけて抽出した濃厚なダッチコーヒーと、酵素蜜を一晩一緒に寝かせて作った「特製ミルクコーヒー」（700円）もおすすめだ。

スタッフによるDJプレイ、ミュージシャンのインストアライブなど、イベントも不定期で開催。

「ここに来て、音楽や人との新しい出会いを楽しんでください」（平田さん）

やわらかな光が差し込む店内は、時間の流れがゆっくり。しばらく行かないと、レイアウトが変わっているという気ままさがほほ笑ましい。ペット同伴も大歓迎。ステンレスフィルターで淹れられたコーヒーはまろやかな味わい。

店内は、日本ではなかなか観られないミュージックビデオも流している。

（右）店名はエスカレーターだが、店に行くには階段を3階まで上らなければいけないというのもご愛嬌。（左）スタッフにはミュージシャンや役者の卵が多い。右はプレス担当の平田春果さん。個性豊かなスタッフをまとめるお姉さん的な存在。

escalator

［東京・原宿］

おすすめのコーヒータイムミュージック

ヘレン・エリクセンの「small hall classic」。「ノルウェーのシンガーで、声質がかわいい」（平田さん）。

㊟東京都渋谷区神宮前2-31-3 宝栄ビル3F-A ☎03-5775-1315 ㊖12時〜22時30分（土〜21時、日〜19時）㊡無休 27席 ㊛JR原宿駅から徒歩10分 http://shop.escalator.co.jp/cafe/

 撮影／起定伸行（P124）、中島順一郎（P125） 取材・文／坂東治朗（P124〜126）

シャンデリアが飾られた高い天井、アンティーク家具がイギリスの大邸宅をイメージさせる店内。国道246号線のそばにあることを感じさせない静けさだ。

カフェでは、「ブレンド」のほか、「桜ラテ」や「グアバティー」など、季節感のあるドリンクアイテムも用意している。

THE GLOBE

［東京・池尻］

おすすめのコーヒータイムミュージック

Jolie Hollandの「Escondida」。ノスタルジーを感じさせるボーカルと演奏が風のように心地よい一枚。

過去2回には、アコースティックギターや打楽器のミュージシャンが参加。基本的に夜の開催だが、晴れていれば昼間にも行われる。

ミュージック・カフェ編

アンティークに囲まれ和みの音楽にひたる

イギリスを中心にヨーロッパのアンティーク家具やガーデニンググッズ、雑貨を扱うショップ「ザ・グローブ」は、今や三宿通りのランドマーク的存在。1階に併設されたカフェは、ゆったりした空間で、コーヒーや本格的なイギリス料理が楽しめると人気だ。

不定期で開催されるライブは、タップダンスとヴァイオリンのユニットなど、こちらでしか見られないようなアーティストも多数出演する。

また、年末にはイギリス製グラモフォン（蓄音機）をはじめ、アンティークの家具や楽器も入荷予定。1月8日～1月11日までは、一年に一度開催されるスペシャルなセールもあり、遠方からもファンが訪れるのだとか。

店内にゆったりと流れるジャズが、アンティーク家具の厳かな雰囲気と上品に調和している。

都内では珍しく、時が経つのを忘れてしまうような至福の空間を愉しみたい。

(住)東京都世田谷区池尻2-7-8 ☎03-5430-3662 (営)11時30分～19時30分 (休)年末年始 50席 (交)東急田園都市線池尻大橋駅から徒歩5分

撮影／起定伸行

至福のコーヒーミュージックが体験できる!

全国のこだわり音楽カフェ

地方都市にありながら、個性的な空間と独自の音楽へのこだわりで存在感を放つ、秀逸なミュージック・カフェを厳選紹介!

店に流れるゆるい空気。ライブイベントもゆる系で

collabon

金沢

昭和の香りが残る金沢の商店街。この一角にあるギャラリー＆カフェは、明治時代に建てられた履物店を改装し、5年前にオープンした。靴を脱いでくつろげる店内には、能登半島の珠洲市で焙煎する二三味珈琲の香りが漂い、地元作家を中心にした雑貨が並ぶ。不定期に開催されるライブイベントは、店の雰囲気と同じテイスト。写真は「ウストキネ」。

(住)石川県金沢市安江町1-14 ☎076-265-6273 (営)14時～20時 (休)火曜 (交)北鉄バス武蔵ケ辻バス停から徒歩すぐ

おすすめの音楽

popo「macadamia」／オルガンなどの電子音と生楽器のゆる～い感じの融合さがたまらなくいい。のんびりした時間を過ごすには欠かせない音楽です。

川景色がテラス全面に広がる心地よい空間

THE BLUE WATER

沼津

狩野川の川辺に立地し、全開のテラスいっぱいに広がる川景色が気持ちいい。BGMはジャンルを問わず、季節や天気に合わせて選ばれている。洋服・雑貨の他、CDなども販売。それらすべてが、日常の延長にあるような店のスタイルを発信している。月1～2回開催されるライブでは、1デザート付き2100円と気軽に楽しめる。

(住)静岡県沼津市魚町15 ☎055-951-0001 (営)11時30分～22時 (休)火曜 テーブル45席、カウンター5席 (交)JR東海道本線沼津駅から徒歩10分

おすすめの音楽

KAZUHO OOGIYA（扇谷一穂）「CANARY」／画家でもあるKazuho Oogiyaさんのアルトが艶やかなヴォーカルスタンダードのカバーアルバム。

居心地のよい音楽と空間に包まれる至福の時間

NINi

熊本

オーナーが「その場の雰囲気に合わせて選曲する」というBGMは、ジャズ・ロック・クラシックなどジャンルが幅広い。フランス製の古い椅子、モルタル造りのカウンターなど家具や内装にもこだわる。明るすぎない照明や座席間のゆとりに配慮した落ち着いた空間の中で、食事やお酒、ネルドリップで丁寧に入れたまろやかなコーヒーが味わえる。

(住)熊本県熊本市坪井2丁目3－37金田ビル3階 ☎096-345-3588 (営)19時～3時（LO特になし） (休)第一水曜 (交)熊本市電「通町筋」から徒歩20分 16席

おすすめの音楽

Yuko Ikoma「Moisture with Music Box手廻しオルゴールで聴くエリック・サティ」／幻想的でやさしい音色が、ゆったりしたコーヒータイムを演出してくれる。

コーヒーと相性のいい音楽と空気がスタンバイ

城下公会堂

岡山

岡山の人気夜カフェ「サウダーヂな夜」の姉妹店。シンフォニーホールの真向かいに公会堂とは、面白い。選曲家という肩書きを持つオーナーは「珈琲は五感で味わうもの」と、空気感を大切にしている。日頃は特注スピーカーからワールドワイドな音楽が流れ、土曜は DJ が立ち、月 2 回はライブ開催。ネル式オリジナルブレンド 450 円。

(住)岡山県岡山市北区天神町10-16 城下ビル 1F ☎086-234-5260 (営)14 時～翌 1 時（LO. 0 時 30 分）(休)火曜 (交)岡電城下停から徒歩

おすすめの音楽

sakana「sunday clothes」／なんてことない時間を和やかにやり過ごす…。そんな幸せなシーンの背景にかかっていて欲しい音楽。今春のライブも盛況でした。

旧銀行をリノベートした注目の音楽カフェ

flowing KARASUMA

京都

大正 5 年に建てられた、辰野金吾設計による元銀行をリノベーションしたカフェ。1 階のカフェダイニングでは、種類豊富なオリジナルスイーツや、シェフこだわりの本格的な料理をカジュアルに楽しめる。また、お店で企画されるアコースティックライブはファンも多く、開放的な空間で贅沢なひと時を味わうことができる。コーヒー 350 円。ランチ 950 円～。

(住)京都府京都市中京区烏丸通蛸薬師下ル手洗水町 645 ☎075-257-1451 (営)10時～23時(L.O)日曜・祝日は～22 時 30 分 (休)無休 Pなし 席 76 席 http://www.flowing.co.jp

おすすめの音楽

あらゆる大衆音楽を混ぜこんだセンスフルな楽曲で海外でも注目されているユニット「ザッハトルテ」のライブ。

 取材／グレアトーン、起定伸行、つぐまたかこ、南典子、中島美加、プロダクションビコーズ

ミュージシャンが語るコーヒーと音楽の自然な関係

堀内孝雄

コーヒーと音楽は煙草やお酒のように
大人の男の入り口みたいなものだと思います

親父がコーヒーを飲んでいる姿に 大人だけの聖域を感じました

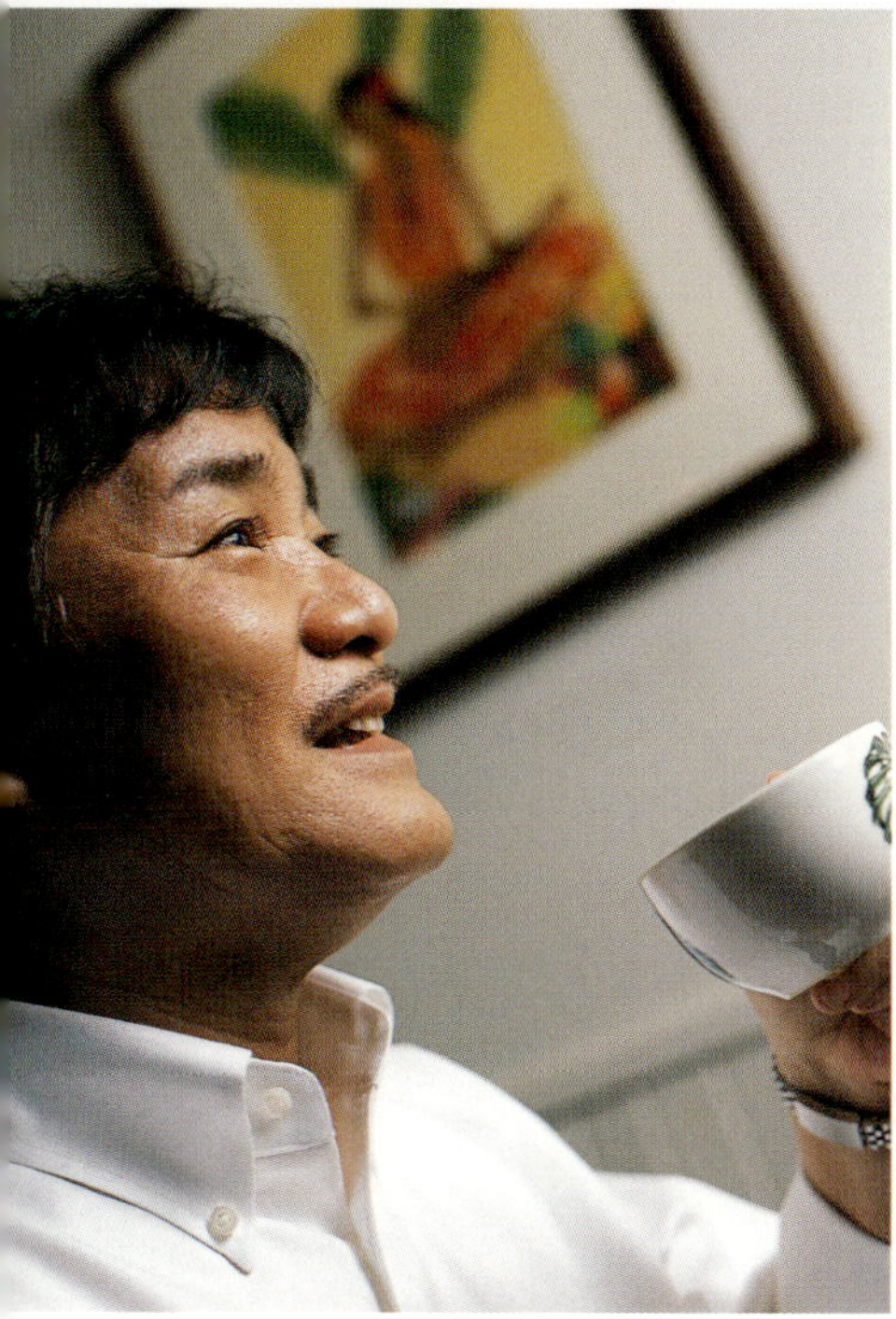

Takao Horiuchi

1971年アリスを結成し、デビュー。「冬の稲妻」など代表曲多数。アリス活動停止後は、ソロとして「愛しき日々」や「恋唄綴り」など数多くのヒット曲を生み出し、現在も第一線で活躍中。

コーヒーの味を覚えたのは中学生の頃。喫茶店が自宅の2軒となりにあって、そこで毎日のように親父がコーヒーを飲んでいる姿があった。大人だけの聖域のようで、近づけない雰囲気がありましたね。いつもは窓越しに目が合っても決して呼んでくれなかったんですが、ある日親父が手招きして、初めてぼくのためにコーヒーを注文してくれたんです。その日がコーヒーとの出会い。コーヒーの香りが漂う店のなかで、大人になったような誇らしい気持ちになったのを覚えています。

高校生ぐらいになるとジャズ喫茶や洋楽のかかる喫茶店に通い始めた。当時はジャズ喫茶が町中にたくさんあって、コーヒー1杯でずいぶん粘りましたよ(笑)。大音量のジャズが流れる空間で、みんな真剣に聴き入ってたけど、今にして思えばポーズだけで、ジャズのこと分かってないやつも多かったんじゃないかな(笑)。

音楽って、あんな風に難しい顔をして聞くものじゃなくて、もっとリラックスして楽しむもの。ゆったりとした空気のなかに自然にあるものだと思うんです。

ぼくがコーヒーを飲みながら聴くのも、やっぱり肩の凝らないリラックスできる曲がいい。お気に入りの曲を選ぶとしたら、ビートルズは外せませんね。中学で衝撃を受けて以来、後にも先にもあんなに影響を受けたアーティストはいない。あえて1曲選ぶなら、マニアックだけどホワイトアルバムのなかの「アイ・ウィル」かな。適度に軽快感があって、ボタンが外れていて、リラックスしたいときには、最高の1曲だと思います。

ぼくに限らず、世界中でビートルズに影響を受けたアーティストは多いけれど、スティーブン・ビショップやエルトン・ジョン、ビリー・ジョエル、この3人はきっとビートルズに入りたかったんじゃないかと思う。僕のなかにも通じるものがあって、好きなアーティストですね。なかでもスティーブン・ビショップの『オン・アンド・オン』は、とくに好きな1曲。ソフトメロウな曲調と声質がものすごくよくて、聴いていて心地いいんです。

ぼくと同世代のマイケル・ジョンソンも好きなアーティストのひとりです。27、28年ほど前、ナッシュビルで初めてレコーディングをしたときに、たまたま隣の部屋に居合わせた。当時は互いを知らなかったんですけど、帰国してから聴いてみたら、歌もギターもめちゃくちゃ上手い。以来、レコードは全部集めているけれど、そのなかで『ダイアログ』はぜひ聴いてみてほしい。カントリーの曲調のなかに、ジャズのエッセンスも感じられて、本当は紹介したくないぐらいすごくいい(笑)。とくに我々世代には堪らないんじゃないかと思います。

子供の頃、親父がコーヒーを飲む姿に大人の男を感じたように、コーヒーと音楽は、煙草や酒もそうですけど、大人の男の入り口のようなものですよね。それがいつの間にか自分のものになる。ぼくにとっても、コーヒーとリラックスして聴ける音楽は、理屈では語れないほど自然な存在。〝いつもそばにいるもの〟ですね。

coffee & music

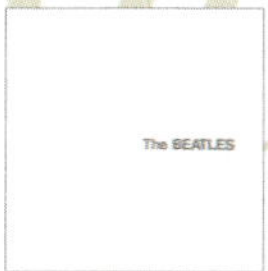

I will／The Beatles

ザ・ビートルズ9枚目のアルバム『ザ・ビートルズ』は、真っ白いジャケットデザインから通称ホワイトアルバムと呼ばれる。その中に収められているのが「I will」。ポール・マッカートニー作のアコースティックな曲。ビートルズが設立したアップル・レーベルから1968年11月発売。

Dialogue + Michael Johnson Album／MICHAEL JOHNSON

東芝EMI移籍後のファーストアルバム（1978年）とセカンドアルバム（79年）をCD1枚に収録したマイケル・ジョンソンの『ダイアログ+マイケル・ジョンソンアルバム』。ソフト＆メロウの切ないラブソングを収録。

On and on／ Stephen Bishop

デビューアルバム『ケアレス』に収録。メランコリックなメロディラインと甘いボーカルからミスターロマンティックと呼ばれるスティーヴン・ビショップの代表作。1976年発売。アルバムに収録後、シングルカットされ大ヒットした。

撮影／西田幸樹　取材・文／宇治有美子

ウィーンのカフェハウス

作家、芸術家たちに愛され続けた歴史ある名店を巡る

街のいたるところにあるカフェはウィーンの人々の暮らしに欠かせない。
いきつけの店でおしゃべりを楽しみ、新聞をひろげ、討論を重ねる。
まるで、自宅の書斎であるかのようにそれぞれの時間を過ごす。
歴史に名を残す文人や政治家、芸術家にも愛されたウィーンの名店を紹介する。

写真・文／田部井朋見　取材協力／オーストリア政府観光局

ウィーンの伝統的なカフェハウスの風景

ウィーンのカフェハウスには伝統があり、文化がある。それがいまも残っている。

ビリヤード台やカード台　ヘル・オーバー

曲げ木のコート掛け

銀盆にコップの水

世界中の新聞

大理石の丸テーブル
トーネットの椅子

伝統的な店にはカード遊びやチェス用のコーナーがあり、ビリヤード台が置かれているところもある。コーヒーとともに銀盆に載って出てくる水はもちろん無料だ。水も別注文のヨーロッパにあって、これはウィーンならではの大サービス。ウィーンのみならずオーストリア全土で水道水は安心して飲める。カフェハウスに入ると黒いスーツの男性が立っている。彼のことを「ヘル・オーバー」と呼ぶ。「ヘル」とは「ミスター」の意味。「オーバー」とは「オーバーケルナー」の略で給仕長を表すが実際にはどの給仕に対しても「ヘル・オーバー」と呼ぶ。大理石の丸テーブル、トーネットの椅子、コート掛けも伝統的カフェハウスの証。多くのカフェハウスでは、オーストリアの新聞のみならず世界各国の新聞が揃っている。

「ウィーンとは、カフェハウスの周辺にできた街のことだ」

これは、ウィーンを訪れてカフェハウスの多さに驚いたある旅行者の言葉だ。

1939年には1280軒ものカフェハウスがあった。確かに今でもカフェハウスの数は多い。だが数年前の調査では、カフェハウスが562軒、エスプレッソ・バーが1143軒、カフェ・コンディトライが243軒という数字もある。やはり、カフェハウスの数は減り、エスプレッソ・バーの数が増えた。時代の趨勢だろうか。しかしなお、今でもウィーンの旧市内、一周4㎞のリンク通り内側のどこかに立つと、カフェハウスの看板が目に入る。

カフェハウスはウィーン子にとって、第二の我が家であるし、リヴィングルームなのだ。給仕たちはコーヒー一杯で、何時間過ごそうと何にも言わない。新聞を読もうと、読書をしようと、議論をしようと、そのために新聞や百科事典まで用意している店もある。カード遊び、チェス、ビリヤード台まで揃っている。今では無線LANの設備が整った店も多くある。ノートパソコンさえあればインターネットでブログを楽しんだりすることもできる。大声を上げなくても全世界の人間と議論も可能だ。

ウィーンのカフェハウスというのは、コーヒーを飲むのは目的ではなく、単なる手段、それはカフェハウスに入る通行手形に過ぎず、誰にでも開放された「クラブ」であるといえる。

芸術家カフェ

花いっぱいのバスケットやポットに囲まれた、パティオは気持ちのいい空間だ。ジャーナリストや文人が深夜まで議論を交わす名店も紹介。

カフェ・クンストハウス
Café im Kunsthaus
㊟：3,Weissgerberlande 14
㊫：U3 Rochusgaβe 下車
☎：712-0497
㊮：毎日 10 時～ 21 時

伝統的なカフェハウスとは一見かけはなれているようだが、コート掛けなどおさえるべきところはおさえている。だが、床は平面ではないので椅子はガタガタするし、あまり居心地はよろしくない。とはいうものの、フンデルトヴァッサーの作品だと思うとうなずけてしまうから不思議だ。都会の中の「オアシス」的存在といえる。

フルトヴェングラーは、ウィーンフィルの指揮者として招聘された。そして、カフェハウスでブルックナーやブラームス、マーラーを知っていたという人たちと交遊する。音楽の世界はもちろんのこと美術家や建築家など、芸術家たちもウィーンのカフェハウスに惹きつけられた。また、そこに集まるだけでは飽き足らず自らがカフェハウスを開いてしまった芸術家もいる。

「自然界には直線は存在しない」「直線は悪の道具だ」という理論を持つ芸術家、フンデルトヴァッサー(Friedrich Stowwasser 1928～2000) の建築物は平坦でなく波打つ床やカラフルなタイルがいたるところに使われている。確かに、自然への影響を考えた建築物なのかも知れないが、二日酔いの時やお年を召した方にはあまり奨められない。そこで、フンデルトヴァッサーに対する評価を決める最適の場所がここ、『カフェ・クンストハウス・ウィーン』だ。

このカフェは彼自身の博物館の裏手に1991年4月9日にオープンした。

店内に入った瞬間「緑」が広がる。緑いっぱいのインテリアはレンガと草花で

古い黒と白の看板の前に立っているのが、オーナー、レオポルド・ハヴェルカだ。この「ボヘミアン」の空間に立ち入るためには2枚の古いドアを開けなければならない。1975年、「ハヴェルカ」はさらに有名な存在となる。オーストリア人歌手、ゲオルク・ダンサーが「ハヴェルカ」のことを歌ったのだ。それにより、より「伝説」のカフェハウスとなったのだ。

カフェ・ハヴェルカ Café Hawelka

㊟： 1,Dorotheergaβe 6
㊋：U1,U3 Stephansplatz 下車
☎：512-8230
㊎：水曜〜月曜 8時〜翌2時
日曜・祝日 16時〜翌2時 ㊡ 火曜

まとめられているが、椅子やテーブルは、まるでフリーマーケットで見つけてきたかのような雰囲気。たとえば黒の木の椅子はそれぞれ異なったデザインだし、青や赤い椅子まである。またマーブル模様のテーブルは、どれ一つ似ているものはない。天井からは植物がたくさん吊り下がっており、さらに部屋の片側には、すばらしいフラワーアレンジメントが、大理石でできた手作りの噴水の上に飾られている。

学生やアーティスト、業界人に人気のカフェ・ハヴェルカは、オープン以来一度も内装を変えていないという。

レオポルドとジョセフィーン・ハヴェルカは結婚後、1939年にカフェ・ハヴェルカをオープンさせた。オーストリアが第2次世界大戦に巻き込まれたときも、戦争が終わってからも、このカフェはかろうじて営業を続けていた。

ウィーンの前衛的なアーティストや文学者、哲学者などがここに集まるようになったのは、50年代に入ってからのことである。長編小説『眩暈』などの著者、エリアス・カネッティもその一人だ。

彼らが『ハヴェルカ』に通ったのは、オーナーをはじめ、ここに集う客たちにアドバイスと元気をもらうことが目的であり、楽しみにしていたのだ。

店内のたくさんのペインティングやドローイングは、かつてこのカフェの常連だったアーティストによるものである。ブラフック、フンデルト・ヴァッサー、ブラウアーなどの作品が、ところ狭しと並ぶ。

古典的カフェ

1880年の創業以来、できる限り〝変わらないこと〟が、この店の魅力。外観から店内までセピア色に輝き、時が止まったかのような印象を与える。

古き良き歴史を保っている店だ。もちろんここのビリヤード台は現役、使用されない間は新聞置きとなっていて、多くのゲストに愛されている。ロケーションも他の伝統的なカフェハウス同様「角」、道と道に挟まれている。写っているコーヒーは「アインシュペナー」だ。風呂屋の番台のようなコーナーの頂点がオーナーの指定席となっている。

カフェ・シュペルル
Café Sperl

(住)：6,Gumpendorferstraβe 11
(交)：U4 Kettenbruckengaβe 下車
☎：586-4158
(営)：月曜～土曜 7時～23時
日曜・祝日 11時～20時

ウィーンのカフェハウスの「三種の神器」といったら、過去においては、ビリヤード、チェス、新聞であった。今ではビリヤードまである店は少ない。十九世紀から営業を続けているカフェハウスは、ほかにもウィーンには数多くあるが、第二次世界大戦後、もしくは50年代に、多くのカフェハウスがリニューアルし、客席を増やすためにビリヤード台を捨てた。カフェ・シュペルルは、1880年創業以来、雰囲気はほとんど変えていない。それよりむしろ1983年には、オリジナルのインテリアに近付けるように改装を施した。寄木細工の床などを修理・改装した。だから、店内に足を踏み入れるとタイムスリップしたかのような感覚になる。高い窓から差し込む光は、家具と装飾のインテリアから、そして外観までもセピア色に染め、まるである時代の中に凍りつかせたかの印象を与える。

エゴン・シーレをはじめとし映画監督、俳優、音楽家、芸術家なども指定席を持っていた。シュペルルは、ほかの伝統的なカフェハウスと同じように、L字型のインテリアだ。フロントの角には昔、客が代金を払っていた飾りつきのカウンターがある。右手には、三台のビリヤード台があり、真剣な眼差しでゲストたちがプレーしてる。窓際には席があるがそのほとんどがビリヤードをする人のための予約席だ。左側は大小の大理石のテーブルとその周りには黒く塗られた椅子が並んでいる。

文学カフェ

文士が集い、トロツキーやレーニン、ヒトラーまでが訪れた。
彼らはこの店で思索し、討論を重ねて一日を過ごした。

数多くのウィーンのカフェハウスの中でも最も有名な一軒と言ってもいい。フェレステル宮殿の中にありベネチアンスタイルのインテリアで高い天井が特徴だ。新聞の種類も往時と比べて種類が少なくなったとはいえ30種以上の各国の新聞が用意されている。ここはインペリアルホテル特製のスイーツも食べられる。

カフェ・ツェントラル
Café Central

㊟：1,Herrengaβe 14
㊇：U3,Herrengaβe 下車
☎：533-376-324
㊖：月～土曜
7時30分～22時
日曜・祝日 10時～18時

「当地の野心のある青年たちは自己の才能を磨くべく、まず手始めに行きつけのカフェハウスを定める」(J.A.ルクス)

十九世紀末、それまで「文士カフェ」として客を集めていたグリーンシュタイドルが閉店した。そこに集まっていた文士はこぞってカフェ・ツェントラルに集合した。建築家のアドルフ・ロース、精神分析学者のアルフレッド・アードラー、作家のアーサー・シュニッツラー、アルフレッド・ポルカー、ロバート・ムシル、フランツ・ワーフェル、『バンビ』の作者フェリックス・ザルテンも、このカフェに移ってきた。

カフェ・ツェントラルの客は前記にとどまらず、トロツキー、スターリン、ヒトラーまでがいた。

１９１３年には実に22カ国語２５１種類の新聞が用意されており、彼らは一日中、思索し、喧喧轟々の討議を闘わせていた。ウィーンには世界中から様々な人物や情報が集まってきたことから、このカフェハウスを舞台に、映画さながらのスパイ活動が繰り広げられたであろうことも想像に難しくは無い。近年少なくなったとはいえ日本の新聞にもお目にかかることができる。

開放感のある高い天井、美しいインテリアは、ここを訪れるすべての人を魅了する。かつて、店内は煙草の濃い煙と喧騒に覆われていたものだが、いまでは店内の中央にあるピアノによる軽音楽に取ってかわっている。

「シアトル」系コーヒーが愛される秘密

アメリカ西海岸から届いたコーヒーの新しい文化

席でくつろげ、テイクアウトもできて、ミルクまけしない味と多彩なメニュー。イタリアのエスプレッソとも違う独特のコーヒー文化がここにはある。そんなシアトル系コーヒーの人気をルーツとなる1号店から探ってみた

取材・文／スズキマサミ（シアトル）
撮影／斎田寛子（シアトル）

STARBUCKS COFFEE
SEATTLE'S BEST COFFEE

シアトル系コーヒーの特徴がわかる6つのポイント

1 フレーバーシロップを使ったメニューが豊富
フレーバーシロップの出現によって、ドリンクの楽しみ方の幅もうんと広がった。

2 エスプレッソとドリップのマシンがある
シアトル系とイタリアの違いは、店にドリップとエスプレッソの両方を備えていること。

3 ショットグラスにエスプレッソを抽出してつくる
ドリンクメニューが豊富なためワンショットの分量がわかりやすいショットグラスを使用。

4 ミルクを使ったメニューが充実
ラテとは、泡だてて甘みを出したミルクで作るエスプレッソドリンクのこと。ボリュームたっぷりで人気。

5 5つのエスプレッソ・ドリンクが中心に
エスプレッソをベースとしたドリンク例。右上から時計周りに、ラテ、エスプレッソ、モカ、カプチーノ、アメリカーノ。

6 アイスのエスプレッソ・ドリンクを生み出す
アイスドリンクも人気が高い。ボリュームたっぷりで、ミルク負けしないコーヒーの味、カスタマイズなどもシアトル系の特徴。

不味くて薄い米国のコーヒーがエスプレッソをベースに変身！

「1950年代、60年代のアメリカではコーヒーはドリップ式で飲まれていたんですけど、濃くて香り高いものが飲めました。それが、突然不味くなったのは、1975年に起ったブラジルの大霜害以降です」

　というのは、ユナイテッドコーヒー研究所主宰の柄沢和雄氏。

　価格は高騰、品質の悪い豆を使って、コーヒーを薄くしてしまったからだ。消費者はそんなコーヒーから離れ、他のソフトドリンクを飲むようになり、それは90年ごろまで続く。一方で、当時、アメリカ人は美味いコーヒーに飢えていた。

　そこに登場したのが、いわゆるシアトル系コーヒーだ。これが生まれた背景には、シアトルに本拠地を置いていた、当時アメリカ経済を牽引していたマイクロソフト社やボーイング社といった勢いのある会社の存在がある。それらに引っ張られるように、シアトルという場所で、新しい味のコーヒーが生まれたのだ。

　深煎りの豆を使ったコーヒー屋は皆無だったそのころ、味が薄くて不味いコーヒーにうんざりしていたアメリカ人にとって、シアトル系と呼ばれる濃厚なコーヒーはセンセーショナルだった。

　やがて、イタリアから持ち込まれたエスプレッソという、豆の味をそのまま味わう楽しみ方が浸透していく。さらに、いわゆるラテスチームミルクと混ぜる、という飲み方が広まり、それが爆発的な人気を呼ぶ。つまり、エスプレッソを飲みやすくしたのもシアトル系の功績なのだ。シアトル系コーヒーが世に問うたのは、エスプレッソにミルクやシロップを入れてアレンジされた世に言う「エスプレッソドリンク」だったのだ。

「多くの人にコーヒーを楽しんでもらうために、いろんな切り口で商品を提供できるのがシアトル系なんです」(柄沢氏)

　そしてもう一つ、シアトル系コーヒーが生み出したのは、カスタマイズ文化だ。それまで、「ブレンド」という一言で終わったコーヒーショップ中での会話が、カウンターで、自分の好みに合わせてカスタマイズができることで膨らんでいく。そして、イタリアのバールのように、そこに集う人たちの間に会話が生まれていった。まるでサロンのように人が集い結びつきがあって、温かい気持ちにさせる。これも、シアトル系の魅力のひとつだ。

「本当に美味しいコーヒーとは何ぞやという問いに、シアトル系が答えを出したんです。香りといい味といい、コーヒーとはこんなに美味しいものだったのかと多くの人に知らしめた。クリームを入れてもクリーム負けしない。しっかりした味を保つエスプレッソが世界中の人たちに支持された。シアトル系コーヒーの出現はまさにコーヒー界の革命でした」

　そして柄沢さんはこう締めくくった。

「シアトル系コーヒーが、ある意味でコーヒーの到達点になっている。それは認めざるを得ないでしょうね」

今では世界40カ国以上、約1万6千店舗で展開しているスターバックスの第1号店

30年以上愛されている

スターバックス1号店

から知るシアトル系コーヒーの人気の秘密

STARBUCKS COFFEE

今や世界中で展開するスタバもすべてはココから始まった

「シアトルで石を投げるとカフェかコーヒーを持っている人に当たる」というのは、まんざらウソではない。

人通りが少ない郊外はその限りではないが、シアトルのダウンタウンでは大げさではなくブロックごとに、場所によっては向かい合わせにカフェがあり、さらに各オフィスビルの1階にはカフェが併設されていて、出勤前のビジネス・パーソンたちが列を作っている、という具合。

ここを訪れた人は、まさに「シアトル系コーヒー発祥の地」にふさわしい光景に驚かされるだろう。

そんなシアトル系コーヒーを世に知らしめたのが、ご存知スターバックスだ。

本格的なエスプレッソがベースのミルクたっぷりで口当たりがなめらかなカフェラテ、テイクアウトをして好きなところで——歩きながらでも——飲める気軽さもウケて、お馴染みの緑色のロゴは瞬く間に世界中で見られるようになった。スターバックスのメニューに今のようなエスプレッソ・ベースのドリンクが登場したのは1984年、いまから約25年も前のことになる。その後、エスプレッソをベースにしたグルメ・コーヒーを生み出し、世界規模の巨大チェーンに成長した。

例えばスターバックスが世に生み出した新感覚のアイスビバレッジ『フラペチーノ』はカリフォルニアの太陽が降り注

店内で飲む場合、頼めば陶器のカップでサーブしてくれる。本来こうして飲むのが一番。

昔のロゴが入ったマグカップ。この1号店でしか買えないので、おみやげに大人気。

店内には「First Starbucks Store Established 1971」と書かれた1号店を記念する金色の飾り円柱がある。

1971年から変わらぬおいしさを提供し続ける

1971年創業のコーヒー焙煎会社は80年初頭、店舗開発・マーケティング担当として入社したハワード・シュルツ氏の登場で転機を迎える。イタリアのミラノを訪れた氏は、ミラノと同じコーヒー・カルチャーがアメリカでも受け入れられると直感。それが今日のカフェスタイルのベースになった。

ぐサンタモニカの店から誕生した。

広報を手がけているコミュニケーション・マネージャーのメイ・カーソルさんはこう語る。

「当社の製品は、こういうものは作れないか？　こういうものが飲みたいんだけど、といったお客さんのオーダーや要望から生まれることが多いんですよ。決してラボ（研究所）から生まれるものだけではないのです」

ちなみに、最近発売された『シグネチャー・ホット・チョコレート』は、スターバックスのオフィシャルサイトにある「マイスターバックス・アイデア」というご意見板から。スタバファンの「ヨーロピアンスタイルのもっと濃厚なココアが飲みたい！」という声から誕生したそうだ。

バリスタとの気さくな会話のやりとりや、ミルクの種類から温度にいたるまで細部にわたって注文がつけられ、自分好みの一杯が作れるのがシアトル系コーヒーの特徴というのは言うまでもないが、その顧客の注文の中から新しいメニューが誕生することも珍しくないらしい。

座り心地のいいイスなどない 立ち飲みの雰囲気を残す1号店

創立当時のスターバックスは、コーヒー豆の焙煎と卸売りをする会社に過ぎなかった。ダウンタウンの西隅、ピュージェット湾を見下ろすような位置に、現存するマーケットとしてはアメリカ最古の市場である『パイクプレイス・マーケット』がある。

この巨大なコーヒーチェーン店のすべてはこのパイクプレイスマーケットにある小さな店から始まった。１９７１年、スターバックスはこのマーケットの一角で誕生した。それを慈しむように、1号店だけは創立当時に使われていた茶色のロゴが使われている。

「ロゴだけではなくて、いろいろな面で、この1号店は他の店舗とは異なるんです」

そう言うのはパイクプレイス・マーケット店でアシスタント・ストア・マネージャーを務めるマイケル・プリドさん。

カウンター越しに注文して、その場で好みのコーヒーをいれてくれるスタイルは他店と同じだが、ここはエスプレッソのオーダーが入ると、ハンドプレスで一

写真右は、パイクプレイスマーケットにある1号店でしか買えないスペシャル・ブレンド『パイク・プレイス―スペシャル・リザーブ―』

1号店だけは創立当時に使われていた茶色のロゴが使われている。

杯一杯抽出する。

「手間がかかるし、時間もかかりますが、この店ではそれがひとつのショーであり、アートでもあるんです。それもあって、この店ではエスプレッソ系のドリンクが一番人気。特に常連さんの多くはエスプレッソをオーダーします」

とマイケルさんは誇らしげだ。

エスプレッソのいい香りと共に、店内にはハンド・タンピングをする小気味いい音が響き、五感でコーヒーショップにいることを楽しめるようになっている。

この店には座り心地のいいカウチやイスなどは一切なく、店内はカウンターのみ。スターバックスをはじめとするシアトル系コーヒーショップの特徴のひとつである「ゆっくりとくつろげる空間」ではないのだが、それもまたエスプレッソの本場イタリアのバールでの立ち飲みを思わせ、他のスタバでは味わえない独自の雰囲気を醸し出している。

建物自体は100歳を超えるそうで、レンガ造りの壁やコーヒー色をした板張りの床、そして店内に飾られた創業当時のモノクローム写真がその歴史を物語っているようだ。

コーヒーを飲む人が10人いれば、10通りの好み、そして空間を含めた楽しみ方がある。それに対応できる幅広い適応力が、スターバックスを始めとするシアトル系コーヒーの人気の理由といえるだろう。

焙煎店からコーヒーショップへ。ロゴマークの変遷

1971年

ギリシャ神話の二つの尾を持った人魚セイレンがモデルだが、創業当時は全身像で色も茶。

1987年

イル・ジョルナーレとの統合で変更。モチーフは初代と同じだが胸を隠し、周囲が緑色に。

1992年

現在のロゴ。人魚は上半身のアップになり、デザインもグラフィック化してよりモダンに。

STARBUCKS COFFEE

日本のコーヒー文化が変わった日。1996年8月スターバックスが上陸

それは1992年、角田雄二氏(現スターバックス コーヒー ジャパン取締役)が、何の面識もない、当時社長のハワード・シュルツ氏に送った一通の手紙から始まった。一週間後に返事が届く。ぜひ会いたいと…。こうして、あっけなく2人の面談が実現。それから4年後、日本1号店が銀座松屋裏にオープンした。

8月2日、夏真っ盛りの銀座に、突如として行列ができた。宣伝ゼロだったにもかかわらず、店の外に長蛇の列だ。以前からスターバックスを知っていた人を中心に、口コミで集まって来たのだ。松屋のガードマンが並んでいる人の整理を手伝ってくれた。さらに、客が多すぎて氷が足りなくなり、築地に買いに走って、裏で氷を砕きながら商品を出した。嵐のようなスターバックスの日本1号店1日目は、大盛況だった。

その人気はもちろん今も健在だ。開店以来、毎年8月2日にここを訪れる客がいる。彼が注文するのはダブル トール ラテ。奇しくもそれは開店当日、一番最初の客のオーダーと同じものである。

1号店が10周年を迎えた2年前に掛け替えられた、スタバの特鋼である壁紙。色々な国の言葉で「(10周年)おめでとう」と書いてある。

正面エントランスから一番遠い所にさりげなく、しかし誇らしく張ってある1号店の証。

開店当日の銀座松屋通り店。人でごった返している。まったく宣伝を打たなかったにもかかわらず、多くのスタバファンが集まった。カウンターの中もなれない接客で大変だった。

取材・文／今村博幸(P73 P76下段) 撮影／生駒安志

SEATTLE'S BEST COFFEE

創業より豆にこだわり続ける
シアトルズベストコーヒーの魅力

シアトルズベストコーヒーが『スチュワート・ブラザーズ・コーヒー』と名乗っていた1983年から2003年まで焙煎所で、現在は『ヴァションアイランド・コーヒー・ロースター』というコーヒーショップ兼焙煎所。創始者ジム・スチュワート氏が購入したロースターなどが展示されている

時間をかけてエネルギーを注ぎ豆を選び、ひたすら焙煎する

ウエスト・シアトルにある船乗り場からフェリーに揺られること20分。人口約1万人、シアトルのベッドタウンならぬベッド・アイランドでもあるヴァション島の一角に、シアトルズ・ベスト・コーヒー（以下SBC）の起源があるという。

案内してくれたのは、1993年からSBCでコーヒー豆の卸業務に携わり、現在はコーヒーに関するコンサルティング会社を経営しているトーマス・ミッチェル（トム）さんだ。

訪れたのは、島の中心地から少し離れた通り沿いにある『ヴァションアイランド・コーヒー・ロースター』という小さなコーヒーショップ兼焙煎所。SBCがまだ『スチュワート・ブラザーズ・コーヒー』と名乗っていた1983年から、2003年まで、焙煎所だったところだ。

現在はSBCの手から離れ、コーヒーショップ兼焙煎所になっているが、SBCの創始者であるジム・スチュワート氏が南カリフォルニアで買ってきたロースター（もとはピーナッツを炒る機械）などが展示されている。

また、かつてのテイスティング・ルームには、ブラジルから輸入したという専用テーブルやスチュワート氏の名前入りテイスティング・カップなどが、当時そのままに残っている。

世界のSBCの味が、小さな島のこの小さな部屋から生まれていたのかと思う

1983年から2003年までSBCの焙煎所だった『ヴァションアイランド・コーヒー・ロースター』。現在はカフェのほか、ちょっとした食料品店もかねていて、時間の流れ方がいい感じでゆるい。

と、なんとも不思議な感じだ。

そこでトムさんは、当時ロースター（焙煎係）として、スチュワート氏と一緒に働いていたピーター・ラーセン氏を紹介してくれた。

「ジムが仕入れてきた豆を僕が焙煎する。そして毎日のようにこの部屋でテイスティングして、あーでもないこーでもないと言い合ってたんだよ（笑）」

とピーターさんは当時を振り返る。その当時に写したのが前ページにある写真。若きスチュワート氏と共にピーターさんがコーヒーを手に映っている。

「上段右側がジムで、左にいるのが僕。下段の右側が豆を挽く係で、左が事務担当。当時はこんな感じでこぢんまりとしたもんだったんだよ」

一方、トムさんはスチュワート氏について

「ジムは店を大きくしたりチェーン展開することにはまったく感心がなくて、そういうことは任せっきり。いかにおいしいコーヒーを作るか、常にそれだけ考えて情熱を注いでいたね」

ちなみにピーターさんによると、その当時SBCは『スチュワート・ブラザーズ・コーヒー』という社名で、その頭文字を取ってSBCとしていたが、1989年にシアトルの大会で優勝してから、シアトルでナンバーワンという意味を込めて社名を『シアトルズ・ベスト・コーヒー』に変更したそうだ。

由緒あるロースターやグラインダー、創立当時の看板などがそこかしこにある『ヴァションアイランド・コーヒー・ロースター』は、店の一角でつい最近コーヒー博物館をオープンさせた。始めたばかりなのでまだまだ整然としているが、コーヒーファンがシアトルからフェリーに乗ってここを訪ねて来る日もそう遠くないかもしれない。

おいしいコーヒーをどう作るか…豆へのこだわりがシアトル流

コーヒーショップとしてのSBC1号店は、パイクプレイス・マーケットにある。そう、スターバックス1号店があるところで、位置もじつに1ブロックしか

ジム・スチュワート氏がカリフォルニアから持ち込んだ焙煎機を始め、店内にはＳＢＣの歴史を垣間見れる品がたくさん。右の写真はピーターさん（左）とトムさん。

スターバックスの1号店と同じパイクプレイス内の、ポストアレイ（ポスト横丁）に位置するSBCの1号店。通りに突き出たコーヒーカップの赤いネオンサインが目印。

SEATTLE'S BEST COFFEE

離れていない。世界の二大ビッグコーヒーチェーンの1号店がこんなに近くに存在しているのは果たして偶然なのか。

「70年代初頭のパイクプレイス・マーケットは、観光客はもちろん地元の人でも賑わい、いろんな意味でシアトルの中心地だった。カフェをオープンするのには最適の場所だったんだよ」とトムさん。

クラシックな造りのスターバックス1号店に比べ、SBCの1号店は、コーポレートカラーの赤を基調にしたモダンな作り。これといって歴史を感じさせるものはなく、オープン当時から使っているというコーヒーカップの形をした赤いネオンサインが唯一ここが1号店であることを物語っているようだ。

斬新なアイデアと巧みなマーケティングで世界中に広がったスターバックス、世界進出よりも豆にこだわり続けるSBC。企業のあり方は違っても、我々においしいコーヒーとくつろぎの時間を提供してくれているという事実は変わることがない。

バリスタによってはラテ・アートを作ってくれる。これはスーパーバイザーのアンナさん作。

ikkojin
一個人
特別編集

世界で一番おいしいコーヒー

2009年12月25日 初版第1刷発行
2011年12月10日 初版第6刷発行

編　者　一個人編集部

発行者　栗原幹夫

発行所　KKベストセラーズ
〒170-8457　東京都豊島区南大塚2丁目29番7号
電話　03-5976-9121(代)
　　　03-5961-2318(編集部)
振替　00180-6-103083
http://www.kk-bestsellers.com/

装　幀　野村高志+KACHIDOKI

印刷所　凸版印刷株式会社

製本所　凸版印刷株式会社

ISBN978-4-584-16604-8